CW01638446

CUBA, TOTALITARISME TROPICAL

DU MÊME AUTEUR

En français

L'An prochain à... La Havane, Paris,
Les Éditions de Paris, Max Chaleil 2001

La Havane 1952-1961. D'un dictateur l'autre : explosion des sens et morale révolutionnaire, (dir.), Paris, Autrement, collection « Mémoires », 1994

En espagnol

La Memoria frente al poder. Escritores cubanos del exilio : Guillermo Cabrera Infante, Severo Sarduy, Reinaldo Arenas, Valencia, Prensas universitarias de Valencia, 2001

El Heraldo de las malas noticias : Guillermo Cabrera Infante (Ensayo a dos voces), Miami, Universal, 1996

Memoria de siglos, Madrid, Betania, 1991

JACOBO MACHOVER

CUBA, TOTALITARISME TROPICAL

BUCHET CHASTEL
au fait

© Buchet/Chastel,
un département de Meta-Éditions, 2004
7, rue des Canettes, 75006 Paris
ISBN 2-283-02028-X

A mes enfants,
Román,
Alexis,
Liza
et Albán-David,
nés en exil.

Introduction

Avec la prise du pouvoir par Fidel Castro, le 1er janvier 1959, le temps à Cuba s'est figé pour près d'un demi-siècle. Les événements planétaires censés provoquer par ricochet la fin du castrisme n'ont pas manqué : la chute du mur de Berlin et la disparition presque totale du camp socialiste malgré les quelques réduits encore en place (Corée du Nord, Viêtnam, Chine), la fin des dictatures latino-américaines, toutes remplacées par des démocraties certes imparfaites – en proie à des crises économiques récurrentes et parfois gouvernées par des dirigeants populistes dont certains sont issus des rangs des forces armées –, mais vivantes, et bien d'autres soubresauts, dont le point d'orgue fut l'attaque contre les Twin Towers et le Pentagone suivie par les interventions américaines en Afghanistan et en Irak. Le Líder Máximo est pourtant parvenu à se maintenir au pouvoir et c'est là sa plus grande victoire : sa longévité, sa capacité à survivre à tous les changements en laissant sa population à l'écart de la marche de la planète. Tel est le grand paradoxe de la révolution cubaine qui, d'une position d'avant-garde des mouvements de libération du tiers-monde, en est arrivée à occuper celle d'une extrême marginalité jusqu'à devenir, progressivement, une pièce de musée, à l'image de son dirigeant suprême.

Le régime instauré par Castro et ses guérilleros barbus, descendus de la Sierra Maestra tels des dieux venus débarrasser le peuple cubain d'une dictature corrompue et cruelle, celle de Fulgencio Batista, ne s'est pas écroulé, malgré son isolement politique et économique. Cela montre que le communisme insulaire était une variante *sui generis* du système qui gravitait autour de l'ex-Union soviétique et des « pays frères », jouissant d'une certaine autonomie et, surtout, d'une sympathie planétaire dont les pays du bloc de l'Est ne pouvaient se prévaloir. Le castrisme, en effet, avant de devenir un système, s'est construit autour du pouvoir d'un seul homme, qui a su déployer autour de lui et de ses compagnons, du Che Guevara en particulier, une image et une mythologie particulières. Ce sont ces représentations qui lui ont permis de survivre bien au-delà de la mort du communisme international et d'engranger de nouvelles adhésions, au-delà des clivages hérités de la guerre froide. Castro pouvait ainsi se présenter comme un vieux dictateur débonnaire, soucieux du bonheur d'un peuple capable de surmonter la misère en chantant et en dansant, et dont les velléités répressives n'étaient pas, après tout, plus condamnables que celles d'autres tyrannies exotiques. Et surtout, après l'effondrement de ses anciens alliés, il continue à tenir tête, cette fois vraiment tout seul, au puissant voisin du Nord.

Tant à l'extérieur qu'à l'intérieur du pays, Fidel Castro apparaît comme une statue indéboulonnable. Pour étrange que cela puisse sembler, le peuple cubain imagine difficilement ce que pourrait être la vie sans lui, comme s'il s'agissait d'un père tout-puissant et immortel. Mais lorsque, au début de l'été 2001, il s'écroula à la tribune en plein discours, tout le monde comprit qu'une nouvelle ère s'annonçait, ouvrant la voie à une inévitable transition. Dès lors, les modalités de ce changement ont commencé à faire l'objet de tous les commentaires et des plus invraisemblables spéculations, d'autant que, à l'intérieur de l'île, une véritable opposition, indépendante des structures gouvernementales et du Parti communiste, a acquis une certaine visibilité dans les secteurs les plus divers de la société cubaine, exil compris.

À l'étranger aussi, hormis pour les milliers de touristes que la musique déversée à flots empêche d'entendre les plaintes des prisonniers, l'époque des illusions semble révolue. La communauté internationale n'est plus si disposée à fermer les yeux et à faire preuve d'indulgence vis-à-vis d'un système dont la survie ne tient qu'à la capacité d'un vieil homme à repousser de quelques années le moment inéluctable. L'interminable déliquescence du Commandant en chef, ponctuée de rumeurs récurrentes sur son état réel de santé, ne joue pas en faveur d'une solution de continuité du régime. Dans le désespoir le plus absolu, une société civile s'organise peu à peu et se prend à rêver d'une véritable démocratie, sans doute moins exaltante que les mirages révolutionnaires, mais plus proche des aspirations à la normalité d'un peuple qui, au cours de cette dernière décennie, n'a vu son salut que dans un exode individuel ou massif vers les côtes de la Floride, au mépris de tous les dangers. La révolution cubaine révèle, au fur et à mesure que la fin biologique de son Líder approche, le visage qui a toujours été le sien et que les aveugles professionnels, intellectuels et autres faiseurs d'opinion, n'ont jamais voulu voir : celui d'une répression permanente et impitoyable contre tous ceux qui refusaient de suivre ses préceptes. Le temps figé, celui du mythe immuable, est terminé.

1

Fidel Castro, et après ?

Le 23 juin 2001, au milieu de l'un de ses interminables discours, Fidel Castro se mettait à balbutier des paroles incompréhensibles puis, d'un coup, s'écroulait à la tribune devant les caméras de télévision et sous les yeux effarés du public, jeune en majorité, qui venait d'assister en direct à l'écroulement d'un mythe. Aussitôt, la garde rapprochée du Líder Máximo, croyant à un attentat, déployait d'immenses boucliers noirs à l'épreuve des balles. Felipe Pérez Roque, le jeune ministre des Affaires étrangères et ancien secrétaire personnel de Castro, se précipita alors à la tribune et cria : « Viva Fidel ! Viva Raúl ! » Ce n'était pas un attentat, simplement l'usure du temps. Après quelques longues minutes, l'irremplaçable orateur reprit son poste au micro pour de brefs instants puis, le soir même, réapparut à la télévision, expliquant qu'il avait sous-estimé la chaleur et déclarant, sur le ton de l'autodérision : « C'était une répétition. On peut dire que j'ai fait le mort pour voir quel enterrement on me ferait. » Mais la succession était désormais ouverte. Les Cubains, effarés, découvraient que leur Commandant en chef n'était pas éternel. Pour tous ceux qui avaient toujours vécu sous ses ordres, cela n'avait rien d'évident. C'était comme un dieu dont on venait de découvrir qu'il était mortel.

Depuis longtemps, cependant, d'intenses rumeurs couraient sur son état de santé. Dans un pays où la presse libre n'existe pas, la rumeur tient lieu d'information. Elle se vérifie en général des années plus tard. Un beau jour de 1997, les bruits les plus fous avaient couru sur son admission à l'hôpital après un grave malaise. Au cours de la nuit, le téléphone dans les milieux de l'exil n'arrêta pas de sonner, chacun cherchant à confirmer la nouvelle qui n'arriva pas, celle de sa mort. Dès lors, les spéculations sur sa maladie et sur les médecins qui le soignaient sont allées bon train. D'autres alertes ont eu lieu : la première, la veille de Noël 2002, le 24 décembre à onze heures et demie du soir très exactement, lorsque Castro prit sa plume depuis son lit d'hôpital pour expliquer, en première page du quotidien officiel *Granma,* sous le titre « Chronique d'un repos », qu'il avait été victime à la jambe gauche d'une « piqûre de fourmi, de moustique ou d'un autre insecte », et que, s'étant gratté, des « germes opportunistes » avaient profité de la brèche pour s'infiltrer. Il ajoutait : « C'était un devoir de protéger ma jambe gauche. Avec elle, j'ai pratiqué beaucoup de sports, j'ai même joué au football, j'ai couru sur les terrains de sport, j'ai sauté, j'ai nagé, j'ai escaladé des montagnes, j'ai parcouru des milliers de kilomètres dans la Sierra Maestra, j'ai été parmi les soldats dans les montagnes de l'Escambray et à la baie des Cochons, et j'ai participé aux Marches du peuple combattant. Ma jambe a été mon guide en politique. Je ne pouvais donc pas la trahir maintenant. » La jambe gauche du vieux lutteur élevée au rang de fétiche ! Ce faisant, Castro ne faisait que suivre les traces d'un général latino-américain du XIXe siècle qui, ayant perdu l'une de ses jambes au combat, la fit enterrer en grande pompe. Depuis, les signaux d'alarme se sont succédé. Au cours de l'été 2003, la semaine même où décédaient tour à tour Compay Segundo et Celia Cruz, on disait Fidel Castro mourant lui aussi. L'hiver suivant, le maire de Bogotá, Luis Eduardo Garzón, confirmait toutes les rumeurs après avoir constaté *de visu*, au cours d'une visite dans l'île, le mauvais état de santé du Commandant en chef, ce que celui-ci s'empressait de démentir publiquement au moyen d'un long discours. Sur un ton moqueur, il y réaffirmait qu'il était encore en vie : « Ce mort peut encore parler, ce mort peut encore faire des projets, ce mort [...] n'est pas mort. »

La lente décadence physique du vieux Líder se déroule dans un contexte qui n'est pas sans rappeler celle du généralissime Francisco Franco, en Espagne, entre 1974 et 1975 : des arrestations massives et des exécutions pour marquer la fin d'un mandat à vie. Surtout, il faut du temps, beaucoup de temps, pour bien amarrer la transition.

Tout est pourtant en place depuis fort longtemps. Le successeur officiellement désigné, c'est Raúl, le frère cadet. Si Fidel est premier secrétaire du Parti communiste, Raúl est son second. Là où Fidel est président, par exemple du Conseil d'État et du Conseil des ministres, Raúl occupe le rang de vice-président. Mais un secteur, et non des moindres, est à la charge de Raúl : celui de la Défense. En fait, Raúl Castro exerce son contrôle personnel sur les forces armées, le seul créneau véritablement structuré dans l'île depuis l'instauration, en 1991, de la « période spéciale en temps de paix », c'est-à-dire de la pénurie généralisée après l'effondrement du « grand frère » soviétique. L'armée, considérablement épurée depuis 1989 de ses éléments potentiellement contestataires après l'« affaire Ochoa », qui se solda par l'exécution de quatre officiers supérieurs et le limogeage de dizaines d'autres, reprit les rênes des seuls secteurs lucratifs d'une économie en banqueroute, notamment le tourisme, en particulier avec l'entreprise d'État Gaviota, contrôlée par des militaires de haut rang entièrement dévoués à Raúl. Celui-ci, cependant, n'a ni le charisme ni l'autorité de son frère aîné. Personne n'ignore qu'il est alcoolique et gravement malade. Mais c'est le seul à pouvoir assurer la continuité au sein d'une famille profondément divisée par l'exercice du pouvoir et les divergences politiques. Juanita Castro, sœur de Fidel et de Raúl, est exilée à Miami, où elle tient une pharmacie, depuis les débuts de la révolution. La première femme de Fidel, Mirta Díaz Balart, la seule avec qui il a eu un enfant légitime, appelé Fidelito, se trouve, elle aussi, en exil, mais à Madrid. Quant à Alina Fernández, fille de Fidel Castro et de Naty Revuelta, elle a également pris la fuite, n'hésitant pas, par la suite, à s'opposer, tout comme Svetlana, la fille de Staline, à la tyrannie imposée par son père, non seulement à sa famille mais à l'île dans son ensemble.

Une succession dynastique sans soubresauts est-elle possible ? Peu nombreux sont ceux qui croient en cette possibilité. Le commandant Huber Matos, autrefois l'un des principaux leaders du mouvement révolutionnaire, emprisonné ensuite pendant vingt ans par le régime qu'il avait contribué à créer, puis forcé à l'exil, dit de Raúl Castro qu'il n'est qu'« un clown intrigant ». Il ajoute que son frère aîné l'a officiellement désigné comme successeur en 1975, à l'issue du premier congrès du Parti communiste, pour donner l'illusion que, après lui, « le régime a une vie ». Certaines de ses déclarations et attitudes, ainsi que ses discours souvent incohérents, laissent effectivement penser que l'homme peut difficilement être pris au sérieux. La succession familiale, si elle est finalement mise en place, ne pourrait être que provisoire. Pourtant, Raúl Castro est convaincu que quelque chose doit changer dans l'île gouvernée par son aîné. En d'autres termes, il sait qu'il devra procéder à des changements. Mais lesquels ?

Lui-même a déclaré qu'il faudrait sans doute se préparer à une évolution vers « un socialisme plus démocratique », ce qui constitue une critique voilée envers Fidel, davantage perçu comme un père autoritaire que comme un frère aîné (en 1989, au cours de l'« affaire Ochoa », ne s'était-il pas publiquement exclamé : « Fidel est notre papa » ?) incapable, cependant, de mettre en place une quelconque transition. Le terme est d'ailleurs évité dans la mesure du possible. La Constitution doit demeurer *intocable*, irrévocable. Non modifiable en tout cas. Mais le pouvoir personnel de Fidel Castro est beaucoup trop lié à sa personnalité quasiment mythique pour pouvoir être maintenu tel quel. C'est pourquoi Raúl doit s'entourer de personnalités susceptibles de produire, pour un temps, tant à l'intérieur qu'à l'extérieur du pays, l'impression que quelque chose change.

Quelques personnalités civiles briguent en silence la succession du Líder Máximo, pour l'instant à l'ombre de son frère, mais elles pourraient être tentées de prendre directement le pouvoir en cas de défaillance manifeste de celui-ci. Elles doivent apparaître au premier plan, certes, mais elles doivent aussi se garder d'être trop voyantes ou trop impatientes. Mal leur en prendrait. Elles risqueraient dès lors d'être limogées et de disparaître brutalement de la scène politique, comme ce fut le cas, en 1992, de Carlos Aldana, l'idéologue du Parti, ou, en 1999, de Roberto Robaina, le jeune et bouillant ministre des Affaires étrangères. Tous deux se voyaient déjà au sommet de la gloire. Relégués à des postes subalternes, ils sont, depuis, invisibles.

Les prétendants actuels ont appris à se faire plus discrets. Felipe Pérez Roque, le premier d'entre eux, est, selon un ancien dignitaire du régime aujourd'hui en exil, « celui qui sait le mieux interpréter la pensée de Fidel ». C'est lui qui a sauté sur le micro au moment du malaise du Líder Máximo en 2001 et, depuis, il n'a non seulement pas été limogé, mais de plus, il est apparu au côté de son mentor au cours des manifestations contre l'Union européenne au printemps 2003. Personnage falot et vulgaire, il connaît néanmoins par cœur le langage du régime et a une énorme capacité d'attribuer tous les maux de la société cubaine à l'« impérialisme ». Pérez Roque a été élevé à l'ombre de Castro, qui le considère pratiquement comme un fils, au même titre, ou sûrement davantage, que ses nombreux enfants (plus d'une dizaine) non déclarés. Le second, Carlos Lage, est une personnalité plus brillante, un médecin devenu ministre de l'Économie qui a su, ce qui n'est pas le moindre de ses mérites, empêcher le système cubain de sombrer complètement après la disparition de l'Union soviétique, grâce à la légalisation du dollar et au développement rapide du tourisme. C'est certainement lui qui jouit de la plus grande considération auprès des chancelleries étrangères. Le troisième, Ricardo Alarcón, est un éternel revenant. Actuellement président de l'Assemblée nationale du Pouvoir populaire, l'organisme « législatif » tout théorique, qui ne se réunit que quelques jours par an, il jouit d'une longue expérience internationale après avoir représenté Cuba à l'ONU et joué le rôle de négociateur avec les Américains à différentes reprises. Il a notamment été l'artisan, pour le gouvernement cubain, des accords migratoires élaborés avec l'administration de Bill Clinton, suite à la fuite massive, au cours de l'été 1994, de près de trente mille Cubains sur de simples radeaux, connue sous le nom de crise des *balseros*. Alarcón est capable de s'adapter à toutes les situations, mais c'est un homme issu de la vieille génération.

Autour de ces hommes prêts depuis longtemps à assurer la relève, il y a l'armée, les vieux cadres du mouvement révolutionnaire, les proches parmi les proches, les anciens compagnons d'armes et de guérilla des frères Castro, chargés de veiller à ce que leur héritage et, surtout, leurs privilèges ne partent pas en fumée aussitôt après les funérailles du Commandant en chef. Parmi eux, il faut mentionner les noms du tout-puissant Ramiro Valdés, qui occupa à maintes reprises le portefeuille de ministre de l'Intérieur et la direction des organes de la Sécurité de l'État, ainsi que son successeur à ce poste, Abelardo Colomé Ibarra (dit *Furry*), qui conquit ses galons de général au cours des guerres en Afrique.

Il serait illusoire de penser que l'un d'entre eux puisse jouer le rôle d'un Adolfo Suárez, qui assura la transition démocratique en Espagne après la mort de Franco, ou d'un Mikhaïl

Gorbatchev, dont les velléités d'exportation dans l'île d'une *perestroïka* locale furent étouffées dans l'œuf en 1989 par les frères Castro. De ce côté-là, il n'y a pas de véritable démocratisation à attendre car il n'est d'autre projet que tenir, le plus longtemps possible, après la mort du Líder. En prolongeant jusqu'à ses derniers instants le règne de Fidel Castro, le régime semble se couper lui-même l'herbe sous les pieds, d'autant que tous les membres de l'appareil, sans exception, apparaissent comme responsables, au même titre que leur chef, des condamnations et des exécutions qui marquent comme une tache indélébile les derniers soubresauts de l'une des plus vieilles dictatures encore en exercice [1].

1. Après la Chine et la Corée du Nord, notamment. Revient à Fidel Castro le « titre » de dictateur le plus ancien et le plus longtemps en poste.

2

L'art de transformer les défaites en victoires

Tout semblait pourtant avoir bien commencé. Dans la nuit du 31 décembre au 1er janvier 1959, le dictateur Fulgencio Batista quittait La Havane en catastrophe, emportant dans l'avion qui le conduisait en exil une partie des biens qu'il avait pu accumuler (par la corruption et le vol) au cours des années, ainsi que nombre de ses partisans, impliqués dans la répression brutale contre les guérillas rurales et urbaines actives dans l'ensemble de l'île, sous l'impulsion de divers mouvements révolutionnaires, qui n'étaient pas tous sous les ordres de Fidel Castro. Cuba se réveillait alors dans l'allégresse de la fin d'un régime et de l'annonce de temps nouveaux, placés sous le signe de la démocratie, de la lutte contre la misère et la dépendance économique.

Batista, c'était le dictateur latino-américain typique. Un mélange de populisme et d'autoritarisme. À l'origine simple sergent, il avait participé à plusieurs soulèvements appelés

« révolutions », notamment celle de 1933, à la suite de laquelle un autre dictateur, Gerardo Machado, avait été renversé par l'action combinée des mouvements insurrectionnels, surtout étudiants, et de l'armée. Il domina pendant des décennies la vie politique à Cuba, souvent dans l'ombre, parfois en pleine lumière, lorsqu'il fut élu démocratiquement en 1940 pour une période de quatre ans, faisant voter une constitution extrêmement progressiste pour l'époque, allant jusqu'à intégrer des ministres communistes dans son gouvernement, les mêmes qui, plus tard, allaient occuper des fonctions importantes au sein du régime castriste. En 1944, ayant perdu les élections, il se retira de la vie politique pour ne revenir que huit ans plus tard, le 10 mars 1952, à la suite d'un coup d'État dont il avait pris la tête à contrecœur, mais qui s'était déroulé comme à la parade, sans véritable opposition. Ce fut pourtant le putsch de trop. Le métis Batista, qui avait du mal à se faire accepter dans les cercles de la haute bourgeoisie blanche, se mit à la tâche en développant la corruption, les jeux d'argent et les casinos, ainsi que la prostitution qui proliférait dans les principaux quartiers de la capitale. Mais très vite, la contestation s'amplifia, prenant la forme de soulèvements armés qui visaient uniquement à chasser le dictateur du pouvoir, car le processus démocratique, qui paraissait consolidé, avait été interrompu par l'action inconsidérée d'un homme qui n'avait d'autre issue face à ses adversaires que la violence, les assassinats individuels, les tortures et les exécutions extrajudiciaires.

Le premier grand avertissement sanglant eut lieu le 26 juillet 1953. Ce jour-là, le jeune avocat Fidel Castro, connu auparavant pour son activisme politique souvent violent au sein de la faculté de droit, flanqué de son frère Raúl et de plus d'une centaine de jeunes combattants, lança une attaque que l'on peut qualifier de suicide contre la caserne Moncada, la deuxième forteresse militaire du pays. Les insurgés, sans aucune expérience, étaient pour la plupart issus des Jeunesses du Parti orthodoxe, l'une des formations traditionnelles politiques de l'île, frustrée par le coup d'État de Batista d'une probable victoire lors des élections qui devaient se tenir cette année-là. Castro lui-même s'était porté candidat à un poste de sénateur. Sa carrière se voyait durablement compromise avant même d'avoir commencé. La société civile cubaine, et particulièrement la jeunesse, avait ressenti le retour de « l'Homme » (surnom donné au dictateur) comme une frustration insupportable et injustifiable. Mais la plupart des jeunes gens réunis dans une ferme la veille de l'assaut contre la caserne, arrivés de l'ouest de l'île, ne savaient même pas ce qu'ils étaient venus faire à Santiago, à l'autre bout du pays. Certains, parmi lesquels le futur dissident Gustavo Arcos, refusèrent, dans un premier temps, d'y participer, avant d'être considérés comme des traîtres et enfermés par Castro dans l'une des pièces de la ferme où ils s'étaient rassemblés. Après quoi, ils décidèrent malgré tout de participer au combat.

L'attaque avait pour but de s'emparer de la forteresse et, à partir de là, de proclamer la chute de Batista. Les insurgés étaient censés profiter du carnaval en se déguisant en militaires pour surprendre les soldats endormis. Ce fut un échec total. Après le premier effet de surprise, l'armée riposta, causant de nombreuses victimes parmi les révolutionnaires, s'acharnant sur ceux qui avaient été pris vivants pour les torturer sauvagement et les assassiner sans compassion. La répression de la dictature fut à la mesure de la peur subie par les soldats qui, eux aussi, comptaient dans leurs rangs un nombre important de morts et de blessés. Réfugiés dans les montagnes environnantes, Fidel Castro et son frère ne durent leur salut qu'à l'intervention de l'archevêque de Santiago, Mgr Enrique Pérez Serantes, un ami de la famille. Batista, lui-même originaire de la province d'Oriente, connaissait d'ailleurs le père des chefs de la rébellion, qui possédait des terres dans cette région, ce qui explique en partie sa mansuétude à leur égard.

La révolution trouva rapidement un autre allié en la personne de Miguel Ángel Quevedo, le directeur de la principale revue du pays, *Bohemia*, qui publia les photos des cadavres des assaillants sans être censurée. Des années plus tard, Quevedo, après avoir appuyé dans toute la mesure de ses moyens l'insurrection, se suicida au Venezuela après avoir pris le chemin de l'exil et prononcé son *mea culpa* pour son rôle dans la prise du pouvoir par Castro.

Mais Fidel Castro disposait d'une arme de propagande encore plus efficace : lui-même.

De par sa condition d'avocat, il avait le droit d'assumer seul sa propre défense. Davantage qu'une défense, son argumentation se transforma en réquisitoire contre Batista et en programme révolutionnaire. Le 16 octobre 1953, à Santiago de Cuba, il prononça le premier des discours qui contribuèrent puissamment à sa légende. Son verbe devenait ainsi le complément indispensable des armes, et bien plus. Grâce à lui, Castro transformait un désastre militaire en victoire politique. Il était néanmoins condamné à quinze ans de prison, ses compagnons écopant de peines moins lourdes.

De sa prison de l'Île des Pins, le jeune avocat révolutionnaire se mit à réélaborer sa défense, puis il la fit éditer en brochure distribuée à la population par ses partisans. Le titre reprenait sa conclusion : « Condamnez-moi, peu importe, l'Histoire m'acquittera. » La référence à l'Histoire (avec un H majuscule) devint dès lors la justification de toutes ses actions. Dans ce texte, il faisait appel au « peuple », une notion indéterminée incluant aussi bien les chômeurs que les travailleurs agricoles, les ouvriers, les employés saisonniers, les petits paysans propriétaires, ainsi que « les jeunes cadres, médecins, ingénieurs, avocats, vétérinaires, pédagogues, dentistes, pharmaciens, peintres, sculpteurs, etc. » Un catalogue exhaustif, duquel personne n'était exclu, s'appuyant sur des chiffres résolument fantaisistes et invérifiables. Il s'agissait pour lui d'isoler le tyran et de gagner à sa cause tous les secteurs, particulièrement ceux de la bourgeoisie, sur un programme de rassemblement œcuménique, bien peu marxiste, contrairement à ce que le régime a voulu essayer de faire croire par la suite, du temps de sa lune de miel prolongée avec l'Union soviétique. Il plaçait plutôt ses idées sous l'égide de l'« Apôtre » de l'indépendance cubaine face aux Espagnols, José Martí. Il justifiait aussi la légitimité de son action armée en raison de la présence au pouvoir du dictateur dans une sentence cinglante où l'accusateur (Batista) devenait accusé : « [...] l'on peut concevoir que les hommes honnêtes soient morts ou en prison là où le président en place est un criminel et un voleur. » « L'Histoire m'acquittera » devint le texte fondateur de la geste castriste. Le groupe à ses ordres s'appellerait désormais Mouvement du 26 juillet. En 1955, à la faveur de son élection « officielle » (frauduleuse, bien sûr) à la présidence de la République, Fulgencio Batista, dans un geste de magnanimité qui lui fut fatal, concéda, devant la pression de l'opinion publique et de la presse, une amnistie aux jeunes assaillants de la caserne Moncada. Un homme, pourtant, s'opposa au sein de la Chambre des représentants à cette mesure de clémence : l'ex-beau-frère de Fidel Castro, Rafael Díaz Balart, le frère de Mirta, dont Castro avait divorcé en prison. Les proches de celle-ci occupaient d'ailleurs d'importantes responsabilités gouvernementales : la lutte de Castro contre Batista prenait souvent l'allure d'une affaire de famille.

Les insurgés passèrent en fait moins de deux ans en prison. Ce fut suffisant pour en faire des héros au sein de la jeunesse cubaine et des organisations révolutionnaires qui pullulaient, notamment à l'université. La plupart des prisonniers libérés partirent aussitôt en exil au Mexique, étape transitoire vers un nouveau combat.

L'attaque de la caserne Moncada allait être bientôt suivie d'un autre combat tout aussi suicidaire, mais mieux préparé. Pendant près d'un an et demi, les militants du Mouvement du 26 juillet s'entraînèrent, au Mexique, à une autre forme d'action : la guérilla. Parallèlement, Fidel Castro récoltait des fonds au sein de l'émigration cubaine aux États-Unis, profondément attachée à la démocratie bafouée par Batista. Peu à peu, il parvint à insuffler l'idée que, par les méthodes pacifiques, jamais le dictateur n'abandonnerait le pouvoir et que la lutte armée était la seule solution. La plupart des partis et organisations opposés à Batista eurent dès lors à cœur de préparer leur propre insurrection.

Au Mexique, Castro, toujours accompagné de son frère Raúl, fit la rencontre d'un homme qui devint une icône après sa mort : le révolutionnaire argentin Ernesto Guevara dit « Che ». De formation marxiste, le jeune médecin asthmatique était un aventurier échoué au Mexique après le coup d'État au Guatemala mené en 1954, avec l'appui des États-Unis, contre le gouvernement militaire populiste de Jacobo Arbenz. De cette expérience, il tira la conclusion qu'un mouvement révolutionnaire ne pouvait se maintenir au pouvoir que par la force, exercée impitoyablement contre ses adversaires, faute de quoi il risquait de sombrer dans la naïveté politique et devenir une proie facile pour l'« impérialisme américain ». Fidel Castro et le Che constituèrent un couple qui paraissait inséparable. Le doctrinaire Guevara contribua à influencer profondément la pensée de Castro, dans le sens d'un rapprochement avec la pensée marxiste et avec les pays communistes. « J'appartiens, de par ma préparation idéologique, à ceux qui pensent que la solution aux problèmes du monde se trouve derrière ce que d'aucuns appellent le " rideau de fer ", écrivait-il au cours de l'insurrection, se permettant même d'ajouter : J'ai toujours considéré Fidel Castro comme un authentique leader de la bourgeoisie de gauche, bien que sa figure soit rehaussée par des qualités personnelles d'une extraordinaire intelligence qui le placent très au-dessus de sa classe. » À la même époque, Castro proclamait devant la télévision américaine : « Nous ne sommes pas communistes. »

Le nouveau combat avait commencé par un désastre militaire, tout comme l'attaque de la caserne Moncada. Le débarquement sur les côtes de la province d'Oriente, en décembre 1956, après une traversée éprouvante du golfe du Mexique des quatre-vingt-deux hommes partis du Mexique à bord du yacht *Granma*, se déroula de façon lamentable. Les services de renseignements de Batista avaient eu vent des projets et de l'organisation du débarquement. Des troupes aguerries attendaient les expéditionnaires sur la terre ferme. Nombreuses furent, une nouvelle fois, les victimes de cette aventure. Les journaux annoncèrent immédiatement la mort prématurée de Fidel Castro. Mais celui-ci avait réussi à échapper à ses poursuivants et à se réfugier dans la Sierra Maestra, le plus haut massif montagneux de Cuba, avec quelques-uns de ses partisans. Combien étaient-ils ? Environ une vingtaine. Pourtant, en 1968, l'un des principaux idéologues de la révolution, devenu plus tard l'un de ses plus célèbres exilés, le journaliste Carlos Franqui, publiait un recueil de témoignages sur la guérilla intitulé *Le Livre des douze*. On a beau compter et recompter le nombre de survivants du *Granma* réunis autour de leur chef dans les montagnes, jamais on ne parvient au chiffre de douze. C'est que, dans la Sierra et immédiatement après la prise du pouvoir, les révolutionnaires parvinrent à forger de toutes pièces une mystique chrétienne mêlée de *santería*, la religion syncrétique afro-cubaine qui mélange dans une même dévotion les dieux emmenés d'Afrique par les anciens esclaves et les saints catholiques introduits par la colonisation. Le guérillero barbu de la Sierra ne pouvait être que le Messie entouré de ses douze apôtres : même élan sacrificiel, même message de paix et d'humanisme, malgré la généralisation de la violence sur le territoire de l'île. Fidel Castro utilisa à merveille cet aspect, susceptible de rallier à son mouvement à la fois les classes populaires et la bourgeoisie cubaine lassée des exactions de Batista.

La guérilla dura deux ans avant de descendre sur les villes et de s'emparer du pouvoir. Mais ce ne fut pas là le seul mouvement révolutionnaire dans l'île. Le mot « révolution » avait acquis une connotation magique. Parmi les groupes les plus décidés à se débarrasser de Batista par la violence figurait le Directoire révolutionnaire, essentiellement composé d'étudiants. Le 13 mars 1957, celui-ci se lança dans une opération spectaculaire, qui faillit réussir mais se termina en revers sanglant : l'attaque du palais présidentiel, en plein centre de La Havane. Sa finalité, cependant, n'était pas la même que celle de Fidel Castro lors de l'attaque de la caserne Moncada, quatre ans auparavant : il ne s'agissait pas cette fois d'une tentative de putsch contre un symbole militaire, mais de frapper directement à la tête, en éliminant le problème une fois pour toutes. De fait, les combattants du Directoire parvinrent jusqu'au bureau de Batista, au deuxième étage du bâtiment, mais celui-ci avait réussi à se réfugier au troisième par un passage secret, sauvant ainsi sa vie miraculeusement. La répression contre le groupe n'en fut que plus terrible, à la mesure de la peur éprouvée par le dictateur. Le leader du Directoire, José Antonio

Echevarría, tomba, mortellement blessé par la police alors que, avec d'autres combattants, il avait pris d'assaut, parallèlement à l'attaque contre le palais présidentiel, les locaux de la station Radio Reloj, afin d'y diffuser un manifeste annonçant la fin du régime. Dans son testament, rédigé peu avant l'action, il se plaçait lui aussi sous le signe de José Martí, comme tout le monde à Cuba, Batista inclus, mais il invoquait surtout « la grâce de Dieu ». Les survivants trouvèrent refuge au sein de l'université. Traqués sans répit, certains d'entre eux furent assassinés par la police et l'armée, dans tout le périmètre de la capitale. Les étudiants de La Havane, qui étaient aux avant-postes de l'insurrection armée, perdirent peu à peu leur influence au profit de la guérilla de la Sierra Maestra qui allait acquérir, dès lors, une position toujours plus hégémonique. En même temps disparaissait un rival potentiellement dangereux pour le leadership de Castro.

De fait, la société cubaine était en insurrection virtuelle. Les attaques de casernes se succédaient, quelques-unes menées par des partisans de l'ancien président constitutionnel déposé par le coup d'État du 10 mars 1952, Carlos Prío Socarrás, qui se suicidera en exil après la prise du pouvoir par Castro. Il y eut même une tentative de soulèvement militaire à Cienfuegos, au sud de l'île, que les troupes fidèles à la dictature n'hésitèrent pas à bombarder. Les conditions de la lutte armée dans les villes devenaient trop difficiles, du fait de la brutalité et de l'efficacité de l'appareil répressif. Aux sabotages et attentats perpétrés par les révolutionnaires, tous groupes confondus, répondaient des assassinats d'opposants connus, pas tous partisans de la lutte armée, que l'on voyait pendus sur le bord des routes ou bien éliminés soit d'une balle dans la tête, soit d'une rafale de mitrailleuse. La Sierra Maestra apparaissait comme le seul refuge inaccessible aux troupes de Batista. Là, Fidel Castro et ses partisans, qui ne dépassèrent jamais quelques centaines de guérilleros, commençaient à mettre en place une contre-société, de plus en plus influencée par les aspirations des petits paysans qui habitaient la zone. La réforme agraire, revendication traditionnelle des paysanneries d'Amérique latine, occupa dès lors une place centrale dans le programme du Mouvement du 26 juillet, d'autant que certains secteurs urbains n'appuyaient que très mollement la guérilla, refusant son hégémonie et, surtout, la prétention de Castro à s'ériger en chef tout-puissant de l'ensemble de la rébellion. À l'occasion d'une violente polémique interne, il se vit obligé de préciser : « Je ne suis pas un vil ambitieux. Je ne crois pas être un *caudillo* ni ne veux l'être. Je me fous complètement de tous les honneurs et de tous les postes. » Les dissensions avec le Directoire révolutionnaire qui dénonçait son autoritarisme, et avec les communistes du Parti socialiste populaire, qui conservaient une certaine proximité vis-à-vis de Batista, avec qui ils avaient collaboré à de multiples reprises, atteignaient le mouvement syndical, et même les groupes urbains du Mouvement du 26 juillet. Une tentative de grève générale, censée déboucher sur une insurrection, se transforma en échec retentissant pour la guérilla. Par la suite, l'armée tenta de reprendre la main en menant une offensive contre les rebelles. Mais elle était mal entraînée à lutter contre une guérilla (ce n'était pas sa fonction : c'était plus un instrument d'ascension sociale et une machine à fomenter des coups d'État qu'un corps destiné à faire la guerre), d'autant qu'elle venait d'être lâchée par le gouvernement américain qui avait décrété un embargo sur les armes à destination de Batista.

À l'étranger, Castro commençait à jouir d'une popularité étonnante. Il faisait la une des grandes revues américaines et de *Paris Match*, qui le considéraient comme une sorte de Robin des Bois luttant contre une dictature unanimement considérée comme cruelle et corrompue. Devant la presse et les télévisions du monde entier, le dirigeant révolutionnaire affichait ses convictions démocratiques, son désir de bon voisinage avec les États-Unis, tout en arborant une gigantesque croix sur sa poitrine. Pas de quoi effrayer qui que ce soit dans un contexte international encore dominé par la guerre froide. La propagande révolutionnaire connut un formidable développement. Sous la direction de Carlos Franqui, Radio Rebelde était écoutée dans toute l'île, tandis qu'un petit journal, une feuille de chou, voyait le jour dans la Sierra. Son titre : *Revolución*, bien entendu. L'organe du Mouvement du 26 juillet se développerait considérablement après la prise du pouvoir, devenant un outil fondamental de mobilisation des « masses ».

Petit à petit, tous les groupes d'opposition rallièrent la tactique de guérilla dans les montagnes. Le Directoire créa son propre mouvement, appelé « Deuxième Front », dans les montagnes de l'Escambray. Puis le leader communiste Carlos Rafael Rodríguez, ancien ministre sans portefeuille sous le premier gouvernement démocratique de Batista, se décida à rallier Castro dans la Sierra Maestra, pratiquement au dernier moment, alors que la dictature semblait s'effondrer moralement, perdant tous ses soutiens en ville, notamment celui de la bourgeoisie, dont l'appui à l'insurrection fut déterminant.

Le moment de l'offensive finale était arrivé. Imitant la geste guerrière des partisans de l'indépendance contre l'Espagne à la fin du XIXe siècle (Fidel Castro savait parfaitement mettre en valeur la dimension symbolique de ses combats), il envoya deux colonnes de guérilleros traverser l'île d'est en ouest, sous la direction de deux de ses plus fidèles lieutenants : les commandants Camilo Cienfuegos et Ernesto Che Guevara, qui avaient pour mission de réduire la faible résistance militaire tout en obligeant les autres insurgés, particulièrement ceux des montagnes de l'Escambray, à se placer sous leurs ordres, malgré leurs réticences. Après une bataille décisive à Santa Clara, au centre de l'île, où le Che acquit son principal titre de gloire en détruisant un train blindé censé protéger les soldats de Batista, les insurgés étaient prêts à marcher sur la capitale, pour prendre le contrôle des principales forteresses. L'armée était en pleine débandade, sans ordres de son chef, contraint à la fuite. Certains généraux tentèrent d'ultimes manœuvres politiques pour éviter d'avoir à livrer le commandement aux révolutionnaires. Mais Castro savait que la totalité du pouvoir lui appartenait désormais. De la Sierra Maestra, il descendit sur la deuxième ville du pays, Santiago, pour y établir la capitale révolutionnaire provisoire, tandis que ses hommes se chargeaient de contrôler la totalité du territoire. Il ne prit pas immédiatement le pouvoir. Comme l'écrivit le romancier Severo Sarduy, mort en exil à Paris, il préparait soigneusement « l'entrée du Christ à La Havane ».

3

Le triomphe d'un dieu barbu

Entre Santiago et La Havane, il y a moins de mille kilomètres de distance. Fidel Castro mit huit jours à les parcourir, en utilisant les moyens de communication les plus divers, essentiellement des camions militaires découverts ou des tanks, présentant à la foule massée sur les routes ses compagnons d'armes, barbus, brandissant leurs armes quelque peu primitives, qui avaient suffi pour mettre en déroute une armée régulière. Son but était de rapprocher les guerriers mythiques du peuple cubain, afin que celui-ci pût les voir, les toucher, opérer une fusion presque totale avec ses héros. Les enfants commencèrent bientôt à collectionner des cartes avec les photos et les noms des guérilleros, au lieu de celles où figuraient auparavant les meilleurs joueurs de base-ball. Il fallait aussi pacifier la capitale et empêcher toute autre solution que la sienne pour succéder à la dictature déchue. Dès l'annonce de la fuite de

Batista, les habitants de La Havane s'étaient lancés dans la rue, réveillés par les consignes de Radio Rebelde, dans une immense explosion de joie. Mais immédiatement, certains groupes se mirent à détruire avec une rare violence les parcmètres, symboles de la corruption dans la capitale, et les maisons de jeu, signes de la débauche et de la pénétration américaine dans l'île. Parallèlement, les groupes révolutionnaires faisaient la chasse aux « tortionnaires » de Batista ou à tous ceux supposés tels.

Pour Castro, il était important de mettre en scène quelque chose de semblable à une « longue marche » pour rehausser la dimension épique d'une saga révolutionnaire qui, en fin de compte, n'avait duré que deux ans et n'avait affecté qu'une petite partie de l'île, essentiellement la province d'Oriente. La marche sur La Havane comportait des relents de jacquerie paysanne, de revanche des campagnes misérables sur la capitale clinquante, ville dissolue, de casinos, de plaisirs nocturnes et de prostitution. Elle affichait un caractère moral, ou moraliste, que les sourires des barbus ne pouvaient pas occulter entièrement. Le cancer venait de la capitale. Il fallait l'extirper, en laissant, si besoin était, la ville à l'abandon durant de longues années. La Havane devait payer pour ses péchés. Lorsque, le 8 janvier 1959, le Líder

Máximo entra finalement dans la ville, l'ensemble de la population lui ouvrit les bras, comme à un libérateur ou, plus encore, à un sauveur.

Fidel Castro ne semblait pas vouloir du pouvoir. Il l'avait affirmé à plusieurs reprises : son but n'était pas de prendre la place de Batista mais de procéder rapidement à des élections démocratiques. Au poste de président, il nomma un magistrat, Manuel Urrutia, qui avait émis un vote particulier de défiance lorsque les expéditionnaires capturés après le débarquement du *Granma* avaient été condamnés par la justice. À celui de Premier ministre, il plaça José Miró Cardona, un avocat membre de la Résistance civique à la dictature. Et lui-même, alors ? Il n'était que Commandant en chef et leader indiscutable. Mais pas indiscuté.

Dès son premier discours, prononcé dans l'enceinte de la forteresse militaire de Columbia à La Havane, il s'employa à mettre au pas les autres mouvements armés réticents face à la nouvelle figure de *caudillo* en train de s'affirmer. Les militants du Directoire révolutionnaire avaient occupé plusieurs lieux stratégiques, pour ne pas voir la victoire monopolisée par les guérilleros de la Sierra Maestra. « Des armes, pour quoi faire ? » demanda Castro. Ce jour-là, le chef guérillero, alors âgé de trente-trois ans, selon son état civil, se transforma en dieu vivant. Une colombe blanche vint se poser sur son épaule, signifiant à la fois la paix pour les catholiques et un symbole d'invincibilité pour les adeptes de la *santería*. Il n'était pas animé par un élan pacifiste mais par la nécessité de désarmer les groupes qui pourraient se révéler être des rivaux potentiels.

Pour ce faire, il trouva vite des alliés complaisants : les communistes du Parti socialiste populaire, ralliés à l'insurrection au dernier moment mais en première ligne dès qu'il s'agissait de réorganiser un pouvoir auquel ils avaient déjà goûté par le passé, et dont ils pouvaient transmettre l'expérience aux barbus qui n'avaient pour antécédent que la mini contre-société mise en place dans la Sierra Maestra. L'influence exercée par les dirigeants communistes dans l'ensemble des secteurs de la société cubaine, aussi bien dans l'économie que dans le social (à travers les puissants syndicats), dans la politique ou dans le secteur culturel, était considérable et s'étendait bien au-delà du nombre relativement restreint des adhérents au Parti.

On a beaucoup spéculé pour savoir si Fidel Castro était déjà sous l'influence de l'idéologie communiste avant la prise du pouvoir. Même s'il est incontestable que le jeune avocat révolutionnaire s'était imprégné d'un certain nombre de lectures marxistes, acquises surtout pendant son séjour studieux dans la prison de l'Île des Pins après sa condamnation pour l'attaque de la caserne Moncada, il est tout aussi certain que jamais, ni dans le programme exposé dans « L'Histoire m'acquittera » ni dans ses proclamations depuis le maquis, il n'en fit mention publiquement. Ceux qui, par contre, semblaient plus proches d'une vision marxiste étaient deux de ses principaux lieutenants : son frère Raúl, en premier lieu, qui s'était rendu par le passé à l'un des festivals de la jeunesse organisés à Moscou par le mouvement communiste international, et Ernesto Che Guevara, qui maniait aisément un certain nombre de concepts sur l'économie à mettre en place.

L'an I de la révolution cubaine fut entièrement consacré à la consolidation du pouvoir absolu de Castro et à l'élimination, par tous les moyens, de ses possibles adversaires. Dès le 2 janvier, Raúl Castro donnait l'ordre d'exécuter des dizaines de prisonniers, présentés comme des sbires de Batista, à Santiago. Plus tard, dans toutes les prisons du pays, les tribunaux révolutionnaires fonctionnèrent à plein régime, n'hésitant pas à prononcer des peines de prison de vingt ou trente ans ou, plus simplement, la mort. Le peloton d'exécution, encouragé par les cris de la foule qui, au cours de tous les rassemblements, criait « Au poteau ! Au poteau ! » connut une activité sans répit dans la forteresse de La Cabaña, sous les ordres du commandant Ernesto Che Guevara, dont la cruauté expéditive n'eut d'égal que le mythe, forgé après sa mort, d'une vie placée sous le signe de l'« humanisme révolutionnaire ». Des procès se déroulaient en public, notamment dans des stades de base-ball, devant des foules enhardies et sous les caméras de télévision qui diffusaient les images en direct.

Tout cela ressemblait davantage aux jeux d'un cirque romain sous les tropiques qu'à l'application d'une quelconque justice. Peu importait : d'éminents juristes, à l'instar de l'ancien avocat Fidel Castro, écrivaient dans les colonnes du quotidien *Revolución*, organe du Mouvement du 26 juillet, que la révolution était « source de droit ». Dans les colonnes de ce même journal, il ne se passait pas un jour sans que l'on n'annonce en première page, comme s'il s'agissait d'un scoop, de nouvelles exécutions : « EXCLUSIF ! VOYEZ LA LISTE DES FUSILLÉS À SANTIAGO. En page 6. » Et, effectivement, à la page signalée se trouvait la liste complète des soixante-douze fusillés.

Les intellectuels nouvellement acquis au régime ne demeurèrent pas en reste. La plupart d'entre eux rivalisaient du zèle des néophytes, convaincus sans doute que leur verbe allait se transformer en action des masses ou bien qu'ils allaient être capables de traduire dans leur littérature les aspirations du peuple. Parmi les plus fervents thuriféraires de la révolution, nombreux furent ceux qui prirent ensuite le chemin de l'exil. Le plus emblématique d'entre eux, le plus radical aussi de tous les anticastristes, fut Guillermo Cabrera Infante. Mais, avant de devenir un ennemi irréductible de Castro, il justifia les exécutions massives. Pis encore : il publia, au tout début de la révolution, de véritables appels au meurtre : « S'agit-il de politiciens déchus qui tombent sous les balles de leurs adversaires victorieux ? Pas du tout. C'est une simple question de justice, la plus élémentaire et immédiate. Les fusillés sont des criminels signalés ; ils ont eux-mêmes confessé leurs crimes ; un peuple par nature sentimental n'a pas bougé le petit doigt pour empêcher que les exécutions se poursuivent ; les familles des fusillés elles-mêmes savent que l'on agit avec un esprit d'honnêteté. » Le futur héraut des opposants au régime a, pendant de longues années, préféré oublier ce texte. Il faut tout de même préciser que, sauf de rares exceptions, comme celle de l'écrivain catholique et homosexuel José Lezama Lima – un homme d'une droiture exceptionnelle –, les intellectuels cubains, qui n'avaient guère brillé par leur engagement contre la dictature, s'employèrent à chanter les louanges du Líder Máximo et à demander le châtiment des collaborateurs de Batista. Pour sa part, Severo Sarduy qui, de son exil parisien, n'hésita pas à parodier avec une grande subtilité la prise du pouvoir par Castro, réincarnation tropicale du Christ, avait écrit auparavant des poèmes de vengeance (mais contre qui ?) :

Meure qui teint l'asphalte
de sang tiède et épais,
meure le chacal qui d'un bond
s'empare de sa proie,
meure qui humblement baise
la main qui le châtie.
Meure la voix ennemie
qui transite dans le ciel.
Que continue le festival du Deuil
Que le Festin du Deuil continue !

Un autre futur exilé, Antonio Benítez, s'adonna à la poésie hagiographique, élevant la figure du Commandant en chef à la hauteur d'un Christ rédempteur :

... Dans le mausolée
des martyrs se lève la croix,
et une auréole d'intense lumière
que l'on aperçoit partout à Cuba
nous crie : La Liberté ou la Mort
Vive Fidel Castro Ruz !

Cette orgie verbale fut suivie d'effets immédiats, à savoir des exécutions annoncées publiquement, défendues contre vents et marées par les intellectuels nouvellement ralliés au pouvoir révolutionnaire et par la presse à ses ordres. Il y a une disproportion entre le nombre de crimes perpétrés par la dictature (jamais réellement comptabilisés mais évalués officiellement à vingt mille, chiffre totalement arbitraire et manifestement exagéré), et cette soif de revanche, prélude à la construction d'un monde nouveau sur les ruines, matérielles et physiques, du régime de Batista. Les guérilleros barbus qui descendaient de la Sierra avaient déjà, à l'époque de leur combat dans les montagnes, largement développé la pratique de l'exécution des « traîtres », accusés d'être à la solde de l'armée.

Tout cela était noyé sous une rhétorique de paix et de justice. Les titres de *Revolución* martelaient sans répit, avec une logique orwellienne : « Il n'y aura plus de sang », puis, dans une apparente contradiction, « Suspendre les exécutions reviendrait à irriter le peuple », ou encore « Il n'y aura pas d'injustices », « Contre le pardon », « N'arrêtez pas la justice exemplaire ! », « Les innocents ne seront pas châtiés », « Les exécutions éviteront davantage de sang », « Nous éviterons les vengeances », « Pourquoi nous fusillons les criminels de guerre », « Appui à la justice révolutionnaire »... Il y avait aussi un désir de faire des exemples face à d'éventuels soulèvements et de provoquer la puissance américaine, jusqu'alors bienveillante face à la lutte des barbus. Fidel Castro lui-même annonçait les batailles à venir contre la puissance américaine, bientôt qualifiée d'« impérialiste » : « Qu'ils viennent ! Nous les attendrons dans nos tranchées ! »

Car il y eut des protestations de larges secteurs de l'opinion publique et de la presse mondiale, essentiellement américaine. Certains, parmi les révolutionnaires eux-mêmes, déclarèrent publiquement ne pas vouloir participer aux exécutions de sbires. Ainsi, une combattante de la guérilla, Olga Guevara, déclarait dans *Revolución* : « Ce militaire-là a tué mon frère et trente habitants de Pilón, mais je ne pourrais pas tirer sur lui de sang-froid. » Ce fut la première et dernière fois qu'une opinion contraire à celle du Líder apparut dans la presse révolutionnaire. Fidel Castro convoquait de plus en plus de rassemblements massifs, ponctués des discours fleuves qui allaient devenir sa marque indélébile et que certains, tel Jean-Paul Sartre, qualifièrent de « démocratie directe » ou de « longue explication pédagogique ». Il faisait alors entériner par la foule les sentences prononcées par des guérilleros transformés, pour l'occasion, en juges implacables. Car le verbe du Líder Máximo avait une puissance incantatoire susceptible de fasciner les masses ainsi que les intellectuels du monde entier qui, la plupart du temps, ne comprenaient pas un traître mot de leur contenu mais goûtaient, médusés, sa puissance cathartique.

Une immense multitude de citoyens (officiellement « un million ou un million et demi », un chiffre demeuré immuable depuis 1959) assistait et continuerait de participer à ces rassemblements au cours de plus de quatre décennies de castrisme, d'abord devant le palais présidentiel, puis dans un espace bien plus grand construit sous le régime de Batista, entouré de pompeux bâtiments abritant des ministères avec, au milieu, la statue, hautement symbolique, de José Martí : la Place Civique. Celle-ci, naturellement rebaptisée Place de la Révolution, devint rapidement le centre du pouvoir et de la mobilisation permanente. En haut, ceux qui assistent aux discours, en bas, dans les sous-sols, le palais de la Révolution, l'un des endroits où se prennent les décisions opérationnelles. Mais pas le seul, car nul ne sait où habite Fidel Castro, qui craint par-dessus tout un attentat, un complot ou une rébellion.

En février, moins de deux mois après son arrivée triomphale dans la capitale, le Commandant en chef décida de prendre les rênes du gouvernement, poussant à la démission puis à l'exil l'éphémère Premier ministre, José Miró Cardona, qui prit la tête plus tard d'un important mouvement anticastriste aux États-Unis. Castro n'occupa pas immédiatement le poste de président de la République car celui-ci était entaché d'une réputation indélébile, à savoir que celui qui y était assis ne pensait qu'à s'enrichir et à corrompre amis et ennemis. Lui n'entendait pas se salir les mains. Il suivait en cela la doctrine de l'un de ses maîtres à penser, le dirigeant du Parti orthodoxe Eduardo Chibás, qui s'était suicidé en 1951 d'une balle dans le ventre au cours d'une émission de radio pour dénoncer la corruption.

Pour en finir avec le président de la République, Manuel Urrutia, qui affichait de plus en plus ses désaccords avec les mesures radicales prises par la révolution, Castro annonça, en juillet, qu'il renonçait lui-même à ses fonctions. Aussitôt le peuple accourut massivement pour le défendre. Il reprit sa démission, mais exigea celle du président. Celui-ci se vit contraint, pour échapper à une longue peine de prison ou à la mort, de se réfugier à l'ambassade du Venezuela, d'où il put partir en exil. Il fut aussitôt remplacé par Osvaldo Dorticós, qui n'occupa qu'un poste strictement honorifique. Ce n'est qu'à la suite du premier congrès du Parti communiste en 1976 que Fidel Castro assuma, enfin, toutes les fonctions officielles : président du Conseil d'État, du Conseil des ministres et premier secrétaire du Parti, tout en conservant le titre de Commandant en chef. Osvaldo Dorticós, pour sa part, après avoir occupé différents postes gouvernementaux, se suicida en 1983.

Quant aux commandants révolutionnaires qui n'adhéraient pas à l'idée d'instaurer un système communiste dans l'île, ils furent condamnés à de longues peines de prison ou disparurent mystérieusement de la scène politique. Mario Chanes de Armas, l'un des plus proches compagnons de Castro lors de l'attaque de la caserne Moncada, fut emprisonné pendant trente ans. Face aux accusations lancées contre la couleur politique des dirigeants révolutionnaires, le commandant Camilo Cienfuegos déclarait : « Cette révolution est verte comme les palmiers », en référence à la couleur olive de l'uniforme de l'armée rebelle, ce à quoi ses détracteurs répondaient : « La révolution est comme une pastèque : verte à l'extérieur, rouge à l'intérieur. » Un autre des principaux commandants de la guérilla prit ses distances en octobre 1959 envers la rébellion devenue pouvoir : Huber Matos, gouverneur militaire de la province de Camagüey, au centre de l'île, accusé d'avoir fomenté une rébellion militaire alors qu'il n'avait fait que présenter sa démission à Castro dans une lettre privée rédigée en des termes très respectueux, quasiment une supplique au Commandant en chef, lui demandant la permission de retourner dans le civil afin de pouvoir s'exprimer librement. Il écrivait simplement : « Je ne veux pas devenir un obstacle à la révolution, c'est pourquoi je pense que, ayant à choisir entre m'adapter et être marginalisé pour ne pas faire de mal, la solution la plus honnête et la plus révolutionnaire, c'est de partir. » Le texte dénonçait en filigrane les objectifs inavoués du nouveau pouvoir, sans se référer en toutes lettres à l'évolution du régime vers le communisme : « Si l'on veut que la révolution triomphe, que l'on dise où on va et comment on y va, qu'on écoute un peu moins les ragots et les intrigues, et qu'on ne traite pas de réactionnaire ni de conjuré celui qui, avec un critère honnête, pose ces questions. » Il concluait en affirmant sa loyauté envers Fidel : « Je resterai toujours ton compagnon. » Huber Matos fut condamné à vingt ans de prison tandis que le plus populaire de tous les barbus, Camilo Cienfuegos, envoyé pour arrêter le commandant démissionnaire, disparaissait dans un accident d'avion. Ni son avion ni son corps ne furent jamais retrouvés. Pourtant, tous les 28 octobre, anniversaire de sa disparition, les enfants de toutes les écoles de

Cuba jettent des fleurs à la mer en souvenir de Camilo, le guérillero au sourire légendaire.

D'une façon ou d'une autre, Fidel Castro avait fait le vide autour de lui, ne conservant à ses côtés que son frère Raúl et le Che. La révolution pouvait dès lors prendre le cours que lui seul dicterait, sans aucune opposition en mesure de se dresser contre lui.

4

Les « acquis » de l'« homme nouveau »

Se débarrasser de ses ennemis et adversaires, la plupart du temps sympathisants de son aventure révolutionnaire contre la dictature de Batista, fut l'acte fondateur du pouvoir absolu de Fidel Castro. Il lui fallait aussi, cependant, procéder à des réformes radicales pour pouvoir compter, à tout moment, sur son allié le plus puissant : la masse. Cette foule indéterminée dont le Che Guevara faisait, dans son principal texte théorique, « Le socialisme et l'homme à Cuba » (écrit en 1965), le ferment de l'« homme nouveau », parallèlement à la jeunesse : « À la tête de l'immense colonne – nous n'avons pas honte de le dire et cela ne nous intimide pas le moins du monde – marche Fidel, ensuite les meilleurs cadres du Parti et, tout de suite derrière, si près que l'on sent son énorme force, marche le peuple dans son ensemble ; solide charpente d'individualités qui se dirigent vers un objectif commun ; des individus qui ont atteint la conscience de ce qu'il est nécessaire de faire; des hommes qui luttent pour sortir du règne de la nécessité et entrer dans celui de la liberté. »

Guevara définissait ainsi trois strates au sein du processus révolutionnaire : le Líder Máximo – affirmation non dissimulée du culte de la personnalité –, l'appareil du Parti communiste, et enfin cette masse indifférenciée, ce peuple dont Castro avait déjà défini les vagues contours en 1953 dans sa défense face au tribunal. La révolution cubaine, en réalité, avait été l'œuvre d'une avant-garde organisée sans autre assise populaire que celle des petits paysans de la Sierra Maestra, en l'absence quasi totale de participation des ouvriers des villes et des campagnes. Ce n'est qu'après coup que les multitudes firent leur apparition, pour appuyer les décisions déjà prises par Castro lui-même. La masse vue par Guevara était complètement instrumentalisée, dépersonnalisée. Elle ne servait qu'à applaudir, à voter à main levée dans une totale unanimité, ou bien encore à hurler à la mort contre les adversaires de la révolution.

Mais l'affrontement avec l'ennemi, externe et interne, ne pouvait suffire à mobiliser toutes les catégories de la population. Au cours de la lutte armée dans la Sierra Maestra, une exigence s'était fait jour : celle d'une réforme agraire susceptible de redistribuer les terres appartenant aux grands propriétaires terriens, les *latifundistas*, au profit des petits paysans, qui en firent leur cri de ralliement. La guérilla castriste ne faisait ainsi que reprendre à son compte une revendication classique des mouvements révolutionnaires latino-américains. Mais son application allait se faire en deux temps : la première étape fut celle d'une redistribution individuelle (un décret avait été signé au cours de la lutte insurrectionnelle pour être appliqué dès les premiers mois de 1959) ; la seconde, en 1962, fut la collectivisation par le biais de coopératives et de fermes d'État.

Corollaire de la précédente, une réforme urbaine de moindre ampleur s'attaqua aux propriétaires d'immeubles et de villas au profit de leurs locataires ou de l'État. Nombre d'entre eux étaient automatiquement dépossédés de leurs biens, dès lors qu'ils étaient partis en exil. En fait, les couches urbaines et la classe moyenne de Cuba, ainsi que la bourgeoisie, avaient soutenu le mouvement insurrectionnel, mais leur mode de vie était profondément influencé par l'*american way of life*, dont les avancées technologiques, la télévision, les équipements électroménagers, les belles voitures, faisaient partie du quotidien des habitants de La Havane. C'est parmi ces strates de la population qu'apparurent la plupart des candidats à l'exil au cours des années soixante.

La révolution, lancée dans un processus d'affrontement avec les États-Unis, avançait dans le sens d'une socialisation radicale et d'un rapprochement parallèle avec l'Union soviétique. Elle adoptait peu à peu une vision plus orthodoxe, théorisée par le Che Guevara dans ses « Notes pour l'étude de l'idéologie de la révolution cubaine », écrites en octobre 1960 :

« Voici une révolution singulière dans laquelle certains ont cru voir une rupture avec l'une des prémices de ce qu'il y a de plus orthodoxe dans le mouvement révolutionnaire, exprimée ainsi par Lénine : " Sans théorie révolutionnaire, il n'y a pas de mouvement révolutionnaire. " Il vaudrait mieux dire que la théorie révolutionnaire, comme expression d'une vérité sociale, se trouve placée au-dessus de tout énoncé ; c'est-à-dire que la révolution peut se faire si l'on interprète correctement la réalité historique et si l'on utilise correctement les forces qui agissent sur elle, même sans connaître la théorie. »

L'objectif de cette explication n'était autre que d'inscrire la révolution cubaine au sein de la doctrine communiste internationale, tout en lui conférant un caractère hétérodoxe qui lui permettait d'afficher une certaine spécificité, lui attirant la sympathie de nombreux intellectuels, y compris de ceux qui, après maints errements, avaient fini par ouvrir les yeux sur la réalité du communisme russe ou chinois.

Guevara ajoutait : « L'on doit être " marxiste " aussi naturellement que l'on est " newtonien " en physique, ou bien " pasteurien " en biologie. » Selon lui, la révolution cubaine était, en quelque sorte, marxiste par génération spontanée. Pour affirmer son originalité, il lui fallait fabriquer des *logros*, des « acquis » bien à elle.

Pour ce faire, l'an 1961 fut placé sous le signe de l'alphabétisation. Des milliers d'adolescents furent envoyés dans les campagnes afin d'apprendre à lire à bon nombre de paysans illettrés. Les jeunes citadins qui allaient accomplir leur mission dans les campagnes étaient considérés comme des *brigadistas*, des apprentis-combattants. Les manuels des nouveaux missionnaires étaient, bien sûr, orientés. Le f correspondait à *fusil*, le g à *guerrillero*, le r à *revolución*. L'efficacité de la campagne était douteuse. Mais, quelques mois plus tard, le « premier territoire libre d'Amérique » pouvait aussi être proclamé « territoire libre d'analphabétisme ».

Cette année-là fut celle de toutes les définitions et de la grande confrontation. Dès le 3 janvier, les relations diplomatiques entre Cuba et les États-Unis furent officiellement rompues. Depuis quelque temps déjà, elles ne subsistaient plus qu'à un niveau formel. Le pays se préparait à une invasion. Celle-ci se produisit le 17 avril, au sud de l'île, dans le secteur de la baie des Cochons (*Playa Girón* pour le régime), mais elle ne dura que trois jours. Mal préparés, lâchés par la marine américaine qui croisait au large, les combattants contre-révolutionnaires cubains de la Brigade 2506 (considérés comme des « mercenaires » par le castrisme) durent se rendre. Ils avaient cru en l'imminence d'un soulèvement populaire en leur faveur, sous-estimant sans doute l'importance symbolique des « acquis » de la révolution, dont l'alphabétisation.

L'originalité de la révolution castriste par rapport aux systèmes soviétique ou chinois tenait essentiellement à sa capacité de mobilisation et à l'image d'un processus non rigidifié, toujours spontané. Néanmoins, pour faire face à la tentative d'invasion, il lui avait fallu se placer sous l'égide du camp socialiste afin de bénéficier de son soutien. C'est pourquoi, la veille du débarquement, Fidel Castro déclara, devant les troupes et les milices prêtes au combat : « C'est ce qu'ils ne peuvent nous pardonner ; que nous soyons ici, sous leur nez, et que nous ayons fait une révolution socialiste sous le nez même des États-Unis ! »

Les mouvements contre-révolutionnaires n'entendaient cependant pas en rester là. Malgré leur cuisante défaite et le fait d'avoir été abandonnés par l'administration américaine de John F. Kennedy, des groupes de guérilla paysanne anticastriste se maintinrent en activité dans les montagnes de l'Escambray jusque vers le milieu des années soixante. Les insurgés furent pourchassés par les troupes gouvernementales au nom de la « Lutte contre les bandits » (LCB). Les « bandits » en question étaient, le plus souvent, des déçus de la geste révolutionnaire contre Batista, à laquelle ils avaient participé au même titre que Castro, auquel ils reprochaient sa trahison et son adhésion sans réserve au communisme, confirmée lors d'un discours prononcé le 1er décembre : « Je suis marxiste-léniniste, et je serai marxiste-léniniste jusqu'au dernier jour de ma vie. » Le pacte avec l'Union soviétique était ainsi scellé.

Mais celui-ci fut rudement mis à l'épreuve au cours de la « crise des missiles » d'octobre-novembre 1962. Lorsqu'un avion espion U2 américain découvrit des rampes de lancement de fusées nucléaires pointées vers les États-Unis, les responsables politiques de la planète comprirent que la révolution cubaine n'était pas romantique mais dangereuse. Elle était devenue un simple pion de la stratégie soviétique, malgré la personnalité incontrôlable de Fidel Castro.

Pendant que le monde entier était en haleine face à l'imminence d'un conflit nucléaire, dans l'île, au sein de la direction comme au niveau du peuple, prévalait l'inconscience. Les foules descendaient « spontanément » dans la rue, en chantant et en s'en prenant vertement à Nikita Khrouchtchev : *« Nikita, mariquita, lo que se da no se quita. »* C'est-à-dire : « Nikita, petit pédé, on ne reprend pas les cadeaux qu'on donne. » Les cadeaux en question étaient des missiles atomiques. Castro, pour sa part, était prêt à user de la puissance que semblait lui conférer son alliance avec le camp socialiste pour envoyer, à titre « préventif », une fusée sur n'importe quelle grande ville américaine. Peu lui importait le sort de la population de Cuba et du monde. Il resterait dans l'histoire comme celui qui avait défié l'« impérialisme » américain et pris le risque de l'attaquer sur son propre terrain. C'était là le sens de l'une des lettres qu'il envoya à Khrouchtchev, dont le contenu ne fut révélé que trente ans plus tard, au moment de l'effondrement du bloc communiste.

Castro y écrivait : « L'Union soviétique ne doit permettre en aucune circonstance que les impérialistes puissent être les premiers à lancer une attaque nucléaire contre elle. » Il invoquait plus loin « un acte de légitime défense », ajoutant : « Bien qu'il s'agisse d'une solution dure et terrible, il n'y a pas d'alternative. »

Khrouchtchev fit la sourde oreille et rejeta la proposition insensée de Castro, préférant négocier la sortie de crise et la détente directement avec Kennedy. Il écarta sans ménagement son irresponsable protégé des pourparlers. En signe de dépit, le gouvernement castriste refusa toujours de signer, par la suite, le traité de non-prolifération des armes nucléaires, pour tenter de laisser planer sur les États-Unis une menace qui allait devenir illusoire au fil des ans.

La « crise des missiles » avait signifié une cuisante défaite pour Castro. L'île avait été mise en quarantaine par la marine de guerre américaine, qui avait imposé un véritable blocus, en attendant que les navires soviétiques transportant des têtes nucléaires eussent fait demi-tour. La propagande du régime réussit alors à bâtir un amalgame durable entre deux termes : celui d'« embargo » et celui de « blocus ». L'embargo sur les produits US à destination de l'île fut maintenu par toutes les administrations américaines successives. Le blocus, de son côté, ne dura que quelques semaines. Les autorités cubaines continuent néanmoins à présenter l'embargo comme un blocus, c'est-à-dire comme un acte de guerre. De cette façon, elles parviennent à mobiliser la population cubaine et l'opinion publique internationale contre une mesure aussi impopulaire qu'inefficace, tour à tour renforcée – par la loi Torricelli en 1992 ou par la loi Helms-Burton en 1996 –, ou assouplie mais jamais supprimée, quelles qu'aient été les administrations au pouvoir aux États-Unis.

Le prétendu « blocus » n'empêcha jamais le castrisme de tenter d'exporter sa révolution sur les terrains d'opération les plus variés, d'abord en Amérique latine, puis en Afrique, avec des incursions au Moyen-Orient. La théorie du *foco*, le foyer de guérilla rurale qui devait être à l'origine de la lutte continentale, élaborée par le Che Guevara et, ensuite, par Régis Debray dans son ouvrage *Révolution dans la révolution ?* fut mise en pratique dans presque tous les pays d'Amérique latine. Un nombre considérable de jeunes gens, universitaires pour la plupart, issus des classes moyennes et aisées de la société, y laissèrent leur vie au nom de l'idéal qui consistait, selon la formule du Che, à créer « deux, trois, de nombreux Viêtnam ». Un coup d'arrêt provisoire fut porté à ces aventures, en 1967, par la mort de Guevara en Bolivie. Mais les conditions sordides de son assassinat par l'armée bolivienne, avec son cadavre exposé devant la population et la presse internationale, permirent à Fidel Castro de profiter du sacrifice de son compagnon pour le transformer en mythe romantique à usage des jeunes rebelles du monde entier.

Mourir en héros, en combattant : tel est le *credo* permanent de Fidel Castro et, par extension, de la révolution cubaine. Le martyrologe a toujours constitué le complément indispensable de la geste révolutionnaire. Ce fut le cas pour le Che comme, auparavant, pour Camilo Cienfuegos. Comment le Commandant en chef pouvait-il accepter l'éventualité d'un passage pacifique au socialisme en Amérique latine? C'est pourtant ce qui semblait devoir se produire au Chili en 1970, avec l'arrivée au pouvoir, par la voie électorale, de Salvador Allende.

Pour Castro, il s'agissait là d'une expérience irréalisable et, surtout, dangereuse pour ses propres options politiques. En 1971, il s'invita pendant un mois dans le pays andin. Il en arriva à la conclusion que la voie pacifique filait droit à l'échec. C'est pourquoi il appuya les groupes de gauche les plus radicaux, essentiellement le Mouvement de la gauche révolutionnaire, le MIR, dont des centaines de militants furent dès lors entraînés militairement à Cuba, et dont les éléments les mieux formés sur les plans idéologique et militaire constituèrent la garde rapprochée chargée de veiller sur la sécurité de Salvador Allende, appelée GAP (Groupe d'amis du président). Tout cela sous la supervision des services de sécurité cubains. Après une première tentative manquée de putsch en juin 1973, la radicalisation s'accéléra de part et d'autre, l'extrême gauche tentant d'établir un « pouvoir populaire », tandis que l'extrême droite s'efforçait de faire chuter le gouvernement par tous les moyens. Pour empêcher l'intervention de l'armée, Allende entreprit un discret rapprochement avec la démocratie chrétienne, son adversaire politique. C'était trop tard.

Le 11 septembre 1973, les forces armées, sous le commandement du général Augusto Pinochet, auparavant considéré comme un militaire loyaliste, attaquèrent le palais de la Moneda, où Allende s'était retranché et d'où il avait prononcé son dernier discours, pressentant l'imminence de sa mort. Suicide, assassinat ? Les circonstances de sa fin n'ont jamais été éclaircies. La première version qui a circulé, inventée de toutes pièces et exposée avec force détails par le Líder Máximo en personne sur la Place de la Révolution à La Havane, fut celle d'une lutte acharnée contre les soldats félons. Ce n'est que dix ans plus tard que la deuxième, à savoir le suicide du président dans son bureau, commença à supplanter celle de Castro. Jusqu'alors, il était préférable de maintenir le mythe héroïque de la mort au combat.

L'échec tragique de l'expérience de l'Unité populaire au Chili signifia la suspension pour un certain temps des incursions cubaines en Amérique latine. Mais la politique interventionniste n'en fut pas abandonnée pour autant. En étroite liaison avec les besoins de la politique extérieure soviétique, les Cubains engageaient en Afrique de véritables armées. Combien de soldats périrent en Angola et en Éthiopie ? Nul ne le sait exactement mais les pertes se chiffrent par dizaines de milliers. Pour la justification idéologique des aventures africaines, l'identité cubaine se voyait affublée d'une nouvelle désignation ethnique. Les Cubains devenaient officiellement des « Afro-Latino-Américains » au lieu d'être simplement des « Latino-Américains », ce qui permettait également d'envoyer en première ligne de jeunes Noirs, plus en osmose, naturellement, avec les populations locales. Pour leur part, les pays d'Afrique qui furent l'objet de la « solidarité » castriste s'enfoncèrent dans d'interminables guerres civiles, d'où certains ne sont pas encore sortis.

Les interventions à l'étranger permettaient d'entretenir la flamme révolutionnaire. Mais en même temps, l'île s'enfonçait dans la sclérose institutionnelle et l'immobilisme. Le temps de la radicalisation avait fait place à celui de la conservation et de la glorification des « acquis » :

l'éducation, la santé. L'éducation massifiée, gratuite et accessible à tous, tient davantage de l'endoctrinement que de l'acquisition des savoirs. Et les élèves contribuent eux-mêmes à leur propre entretien, obligés qu'ils sont de participer à des travaux agricoles non rémunérés en effectuant des séjours prolongés à « l'école à la campagne ».

Le système castriste a fondé un enseignement à plusieurs vitesses, avec l'existence de *vocacionales*, réservées en théorie aux meilleurs élèves, en pratique aux enfants des dirigeants du Parti. Quant à l'université, elle est interdite à tous ceux qui n'ont pas un dossier révolutionnaire à toute épreuve. Les séances de critique et d'autocritique publiques, à la suite desquelles les étudiants accusés d'attitudes « déviantes » ou de « diversionnisme idéologique » font l'objet d'une exclusion immédiate, sont monnaie courante. Pour tous, privilégiés ou non, l'apprentissage du « matérialisme dialectique et historique » est de règle.

Quant à la santé, s'il est indéniable qu'elle est parvenue à atteindre les recoins les plus pauvres de l'île, autrefois délibérément abandonnés, et à réduire considérablement le taux de mortalité infantile, il n'en est pas moins vrai qu'elle est demeurée inégalitaire. La médecine cubaine a accompli de notables progrès dans les secteurs de pointe, mais l'état de délabrement des hôpitaux (hormis ceux réservés aux dirigeants et aux malades étrangers de marque) s'est spectaculairement aggravé depuis l'instauration de la « période spéciale » en 1991.

C'est sur ces « acquis » que la propagande du régime a bâti la légitimité de la révolution, aussi bien à l'extérieur qu'à l'intérieur de Cuba. Face à toutes les accusations portées de manière récurrente sur les violations des droits de l'homme, la réponse est restée immuable : la santé et l'éducation peuvent, à elles seules, tout justifier. Et bien que, depuis la crise des missiles de 1962, la menace américaine se soit pratiquement estompée, les États-Unis s'étant engagés à ne pas envahir l'île, il reste le « blocus » pour agiter le chiffon rouge d'une éventuelle intervention ennemie.

À défaut de révolution mondiale victorieuse, le castrisme s'est replié sur sa propre institutionnalisation. Celle-ci suivit, avec beaucoup de retard, les normes en vigueur en Union soviétique et dans les « pays frères ». En 1965 fut constitué le Comité central du Parti communiste. Les quotidiens *Revolución* et *Hoy* fusionnèrent en un journal, *Granma*, l'organe du Parti, accompagné plus tard de son petit frère, *Juventud Rebelde*, voix des Jeunesses communistes. La raison officielle de la fusion fut le « manque de papier ». Tous les autres quotidiens, et ils étaient nombreux, avaient dû fermer leurs portes auparavant à la suite de pressions des ouvriers des ateliers de fabrication, manipulés par le gouvernement, ou bien parce que leurs locaux et leur matériel avaient été purement et simplement confisqués.

En 1968, Fidel Castro se rangea définitivement du côté de l'Union soviétique en approuvant, à la surprise de ceux qui continuaient à croire en l'indépendance de la révolution cubaine, l'intervention en Tchécoslovaquie, ce qui constitua le signal du départ pour de nombreux intellectuels, notamment pour Carlos Franqui, autrefois tout-puissant directeur de *Revolución*. En 1975 eut lieu, enfin, après des années de balbutiements institutionnels, le premier congrès du Parti, à la suite de quoi se constitua l'Assemblée nationale du Pouvoir populaire, parlement-croupion auquel ne peuvent être élus que des candidats uniques, pour la plupart membres du Parti. La nouvelle Constitution fut adoptée en 1976. Elle affirmait dans son préambule s'appuyer « sur l'internationalisme prolétarien, sur l'amitié fraternelle, l'aide et la coopération de l'Union soviétique et d'autres pays socialistes, ainsi que sur la solidarité des travailleurs et des peuples d'Amérique latine et du monde ». En 1992, après la fin de l'URSS, ladite Assemblée adopta un amendement qui supprimait d'un trait de plume la référence à l'Union soviétique et aux autres pays socialistes, stipulant que Cuba s'appuierait dorénavant « sur l'internationalisme prolétarien, l'amitié fraternelle, l'aide, la coopération et la solidarité des peuples du monde, particulièrement ceux d'Amérique latine ».

Dix ans plus tard, en 2002, afin de faire pièce à une pétition présentée par l'opposition pacifique et signée par plus de onze mille citoyens, le projet Varela, qui réclamait des réformes démocratiques dans le cadre de la Constitution, le régime organisa lui aussi une campagne de signatures qui recueillit naturellement l'adhésion de plus de 99 % de la population pour affirmer le caractère *intocable* (« irrévocable ») de cette même Constitution.

Ainsi, l'histoire semblait s'être figée à Cuba. Elle avait pour cadre légal l'adoption de « la doctrine victorieuse du marxisme-léninisme », elle aussi mentionnée dans le préambule de la Constitution et remplacée en 1992 par « la pensée de José Martí et les idées politico-sociales de Marx, Engels et Lénine », ainsi que les visages de Fidel Castro et de son frère Raúl, respectivement premier et deuxième secrétaire du Parti, président et vice-président du Conseil d'État et du Conseil des ministres, Commandant en chef et ministre des forces armées, sanglés pour l'éternité, semblait-il, dans leurs costumes rutilants de maréchaux soviétiques.

5

Le dictateur, les intellectuels et le poète emprisonné

La figure du tyran fait partie intégrante de l'Histoire et de l'imaginaire littéraire de l'Amérique latine. Mais Fidel Castro est-il un dictateur comme les autres ? Apparemment, non. En tout cas, pour certains, il n'est pas inclus dans la longue liste de *caudillos* qui ont jalonné le sous-continent depuis les guerres d'indépendance contre la puissance coloniale espagnole au XIXe siècle. Pour d'autres, minoritaires, il en est au contraire la quintessence.

Trois romans essentiels, publiés dans les années soixante-dix, relatent la saga de ces hommes qui, dans leur folie paranoïaque, ont soumis à leurs desseins des populations entières : *Le Recours de la méthode* du Cubain Alejo Carpentier, *Moi le Suprême* du Paraguayen Augusto Roa Bastos, *L'Automne du patriarche* du Colombien Gabriel García Márquez. Trois œuvres monumentales, devenues des textes de référence dans la critique d'une particularité constitutive de l'Amérique latine. Critique ? Leurs auteurs, parmi les plus importants de la littérature en langue espagnole, les deux premiers lauréats du prix Cervantes, le dernier Prix Nobel de littérature, ont tous appuyé inconditionnellement la révolution cubaine et exprimé à de multiples reprises leur soutien indéfectible au Líder Máximo. Cela veut-il dire que Castro ne possède aucune des caractéristiques que ces romanciers ont attribuées à leur propre modèle ? Ou bien ceux-ci pensent-ils qu'une dictature, après tout, est nécessaire au progrès économique et social en Amérique latine, à condition qu'elle affiche une foi nationaliste, et qu'un despote éclairé, surtout s'ils peuvent jouer auprès de lui le rôle de conseillers éclairés autrefois dévolu aux philosophes des Lumières, n'est qu'un moindre mal ? En tout cas, ils se sont parfaitement accommodés de la répression, y compris contre d'autres écrivains, et de l'absence totale de liberté d'expression dans l'île, même sur le terrain de la production éditoriale et de la presse.

Ils ont rarement émis la moindre expression de défiance ou bien, après l'avoir fait, ils se sont rapidement rétractés. Les occasions, pourtant, n'ont pas manqué. Il faut dire que l'aveuglement n'a pas été leur apanage exclusif. Dès le début du processus révolutionnaire, bon nombre d'intellectuels du monde entier ont fait le pèlerinage de La Havane, nouvelle Mecque de la révolution, qui rompait non seulement avec une dictature sanguinaire et corrompue, longtemps soutenue par les États-Unis, mais se démarquait aussi des modèles communistes en vigueur.

Ce fut Jean-Paul Sartre qui leur ouvrit la voie. Le philosophe français, flanqué de Simone de Beauvoir, parcourut l'île en 1960, pendant quelques semaines. Tous deux en furent émerveillés.

Ils retrouvaient là une certaine spontanéité que les régimes prosoviétiques ou prochinois avaient perdue depuis longtemps, ce qui leur permettait de donner libre cours à leur enthousiasme, au risque de se tromper. Reçus par les principaux dirigeants de la révolution, Fidel Castro et Ernesto Che Guevara, ainsi que par une population enthousiaste (qui, quelques jours plus tôt, n'avait jamais entendu parler d'eux), ils se retrouvèrent en position d'acteurs influents, croyant que leur opinion pouvait orienter le cours des choses. Oracles d'un prince imprévisible et détenteur d'un pouvoir absolu – quasi divin? – Sartre et Beauvoir croyaient se trouver au cœur de l'histoire, assistant à des rassemblements massifs, notamment celui en l'honneur des « martyrs de *La Coubre* », les victimes de l'explosion d'un cargo français qui transportait des armes belges destinées au gouvernement castriste. Accident ou sabotage ? On ne le saura probablement jamais. Quoi qu'il en soit, c'est lorsqu'il doit enterrer des « martyrs » que Fidel Castro se montre le plus brillant. Il sait faire vibrer les Cubains en attribuant la responsabilité des crimes à l'« impérialisme » et en faisant de la vie quotidienne un sacrifice permanent. « La patrie ou la mort ! » Telle était la conclusion immuable de tous ses discours – jusqu'en 1991, lorsqu'elle fut complétée par « Le socialisme ou la mort ! » Le second terme de l'alternative – celui qui encensait les « martyrs » – se trouvait donc là, sous les yeux de la foule et des intellectuels invités. Devant un tel nombre de victimes innocentes, on pouvait bien fermer les yeux sur les exécutions pratiquées par le régime. Sartre écrivit à l'époque une série de reportages intitulés « Ouragan sur le sucre », où il démontrait surtout son ignorance de l'histoire très particulière de Cuba. Cependant, il sentait confusément que sa célébration de la révolution cubaine était par trop enthousiaste. Il allait s'en repentir plus tard. Ses reportages ne furent jamais réunis en livre, du moins en français, car de nombreuses éditions, en espagnol et en d'autres langues, virent le jour. Après tout, dans des pays exotiques, cela avait sans doute moins d'importance.

Il serait vain de dénombrer les intellectuels de tous les continents qui, comme le couple de philosophes français, rendirent hommage ou payèrent leur tribut au Commandant en chef et à sa révolution, en dépit de toutes les déceptions qui s'accumulaient au fil du temps, rythmées par les exécutions et les procès staliniens. Il fallait bien découvrir une idée susceptible de justifier la permanence des illusions et trouver chez les Cubains une qualité unique, différente des autres peuples d'Amérique latine, toujours soumis à la pauvreté et à la dépendance. À Cuba aussi, on pouvait bien constater des relents de misère, de manque de liberté, de peur sous-jacente, mais il demeurait néanmoins un sentiment quasiment métaphysique, indéfinissable : la dignité.

Voilà le mot clef, le concept que François Maspero, après une très longue période d'errements et d'appui sans réserve au castro-guevarisme, s'évertuait à sauver de l'évidente débâcle du régime, dans une série d'articles publiés au cours de l'été 1999 dans *Le Monde.* Il écrivait en conclusion : « J'ai senti partout une réserve, et je n'ai jamais voulu la forcer. Elle peut être faite de crainte, comme de dignité. C'est ce dernier sentiment que je retiens. » Une terrible ambivalence, donc, néanmoins surmontée par un sentiment positif... Peut-être pour ne pas en finir avec la beauté des émotions nées de la prise du pouvoir par Fidel Castro, ce que l'ancien éditeur d'ouvrages révolutionnaires et l'un des principaux soutiens à la guérilla du Che en Bolivie qualifiait comme « Le bel hier », avec une inusable nostalgie qui lui rappelait cette période d'exaltation initiale qu'avait théorisée Ania Francos dans son livre *La Fête cubaine.* « Mais c'était une fête grave, nuançait François Maspero, trop de périls menaçaient la jeune révolution. » Curieux euphémisme pour désigner les exécutions massives de « contre-révolutionnaires », fusillés dans les fossés de la prison de La Cabaña et ailleurs.

Il faut néanmoins mentionner les témoignages, dont la diffusion demeura quasiment confidentielle, d'Yves Guilbert, *Castro l'infidèle* et de Léo Sauvage, *Autopsie du castrisme* qui, dès les premières années, surent voir, par-delà la propagande et l'exaltation, la charge de fanatisme complaisant et aveugle que distillait la révolution cubaine. La plupart des intellectuels n'ouvrirent les yeux que bien plus tard, en 1971, au moment de l'« affaire Padilla ».

Mais auparavant tout allait pour le mieux dans le meilleur des mondes. La radicalisation de la révolution cubaine, tout comme son côté spontané et débraillé, représentait une vision idéale qui allait devenir partie intégrante des mouvements de la jeunesse et des étudiants pendant Mai 68. Mais c'était seulement une illusion. La révolution cubaine n'avait rien de libertaire. Dès 1961, elle adopta des mesures radicales visant à éradiquer tout comportement considéré comme amoral par le régime. Ainsi, cette année-là, une rafle visant essentiellement les homosexuels, dénommée « la nuit des trois P » (pour « proxénètes, prostituées et pédérastes »), eut lieu dans la capitale et ses environs. Au cours de la rafle fut emprisonné l'écrivain et dramaturge Virgilio Piñera, le plus anticonformiste et visionnaire des intellectuels de l'île. En juin, à la suite d'une violente polémique engrangée autour d'un petit documentaire, *P.M.*, de Sabá Cabrera et Orlando Jiménez Leal qui filmaient de manière extrêmement sensuelle le monde de la nuit, sans aucune référence aux principes révolutionnaires, le Líder Máximo avait prononcé, en conclusion d'une série de réunions dans les locaux de la Bibliothèque nationale, ses « Paroles aux intellectuels » : « Au sein de la révolution, tout; contre la révolution, rien du tout. » Au cours de l'une des sessions, Virgilio Piñera s'était levé et, prenant le micro, s'était adressé à l'assistance en prononçant ces quelques mots : « Je veux seulement dire que j'ai peur. » La peur, dès lors, allait devenir le sentiment dominant chez les intellectuels et dans les couches marginales de la population. Elle était entièrement justifiée. Homosexuels, catholiques, Témoins de Jéhovah, adeptes des religions afro-cubaines et autres « déviants » se retrouvèrent enfermés au milieu des années soixante dans des camps de travail dénommés UMAP (Unités militaires d'aide à la production). À l'entrée, on pouvait lire : « LE TRAVAIL VOUS RENDRA LIBRES ! »

Qui a donné le signal du départ ? Et quand ? Beaucoup d'artistes et d'écrivains quittèrent Cuba dès les toutes premières années : les chanteuses Celia Cruz ou Olga Guillot, le cinéaste Néstor Almendros, l'anthropologue Lydia Cabrera et bien d'autres. Ceux-ci eurent, sans nul doute, l'intuition qu'ils ne pourraient plus travailler dans des conditions normales de liberté d'expression. D'autres préférèrent attendre, participer au semblant d'effervescence créatrice suscitée par la création de l'Institut cubain de l'art et de l'industrie cinématographiques (ICAIC), par la parution du supplément culturel *Lunes de Revolución*, de la revue *Casa de las Americas*, dont les prix acquirent vite une dimension internationale, particulièrement au niveau du sous-continent latino-américain, et bien d'autres initiatives chapeautées par de nouveaux organismes et institutions, pas encore totalement inféodés aux directives politiques des bureaucrates de la révolution. Partout avaient lieu des débats passionnés, laissant libre cours aux expérimentations formelles, mais en aucun cas à une remise en question de la révolution. Néanmoins, la chape de plomb commençait à se faire sentir de plus en plus fort, n'épargnant personne, poussant les intellectuels non conformes vers la sortie, le plus discrètement possible. Une fois en exil, en effet, ceux-ci évitaient de faire des déclarations tonitruantes contre le castrisme, dans la mesure où ils risquaient de voir se fermer toutes les portes devant eux, la plupart des opinions publiques étant acquises à la propagande déployée par la révolution cubaine contre les *gusanos* (les « vers de terre »), les apatrides qui abandonnaient lâchement leur pays.

Sentant les menaces se préciser, les intellectuels quittaient tour à tour la scène sans espoir de retour. Mais parmi ceux qui restaient, certains étaient bien décidés à faire preuve de témérité. Un, surtout : le poète Heberto Padilla. En 1968, Padilla, ancien correspondant à Moscou de l'agence de presse officielle *Prensa latina*, considéré jusqu'alors comme l'un des plus fermes soutiens intellectuels de la révolution, rendit public un recueil de poésie intitulé *Hors-Jeu*. Le poème *Par des temps difficiles* ouvrait le volume :

À cet homme-là on lui a demandé son temps
pour le joindre au temps de l'Histoire [...]
On lui a expliqué après
que toute cette donation serait inutile
s'il ne donnait aussi sa langue,
car par des temps difficiles
rien n'est plus utile pour détenir la haine ou le mensonge [...].

Dans le poème qui donnait son titre au recueil, Padilla ne pratiquait pas non plus la langue de bois :

Renvoyez le poète!
Il n'a rien à faire ici.
Il ne joue pas le jeu.
Il ne s'enthousiasme pour rien.
Il n'envoie pas un message clair.
Il ne s'intéresse même pas aux miracles.
Il passe toute la journée à s'interroger.
Il trouve toujours quelque chose à redire [...].

L'écrivain avait pris la précaution de dédier son poème à Yannis Ritzos, incarcéré dans une prison grecque, mais personne n'était dupe. C'était bien de Cuba dont il parlait. *Hors-Jeu* fut primé dans l'île – en même temps qu'une pièce de théâtre tout aussi hétérodoxe, *Les Sept contre Thèbes*, d'Antón Arrufat – par un jury présidé par José Lezama Lima, qui n'était vraiment pas en odeur de sainteté auprès des autorités culturelles de la révolution. Le livre fut publié, mais avec un avertissement de l'Union nationale des écrivains et artistes de Cuba, l'organisme officiel, en guise de prologue : « La direction de l'UNEAC ne renonce nullement au droit et au devoir de veiller au maintien des principes qui guident notre révolution, l'un des principaux étant sa défense à la fois contre ses ennemis ouvertement déclarés et contre ceux – les plus dangereux – qui utilisent des méthodes plus rusées et subtiles pour agir [...]. En résumé : la direction de l'Union des écrivains et artistes de Cuba désapprouve le contenu idéologique du livre de poèmes et de l'œuvre théâtrale primés. » Curieuse incitation à lire le livre, sans doute. Mais il y avait pis que cela. La publication de *Hors-Jeu* n'était qu'une concession. Son auteur ne perdait rien pour attendre.

La concrétisation de la menace se produisit trois ans plus tard. À l'aube du 20 mars 1971, Heberto Padilla et son épouse, la poétesse Belkis Cuza Malé, furent arrêtés à leur domicile par des agents de la Sécurité de l'État. Belkis Cuza Malé fut rapidement libérée. Padilla resta incarcéré. Comme il s'agissait d'une figure internationalement reconnue, de nombreux intellectuels se préoccupèrent de son sort. Plusieurs pétitions circulèrent, la plus importante d'entre elles étant publiée dans le quotidien *Le Monde* du 9 avril, avec les signatures de plusieurs écrivains importants, tous sympathisants de la révolution cubaine à l'origine. Parmi eux figuraient Jean-Paul Sartre et Simone de Beauvoir. Le texte exprimait leur « inquiétude à la suite de l'emprisonnement du poète et écrivain Heberto Padilla », tout en réaffirmant leur « solidarité avec les principes qui ont inspiré la lutte dans la Sierra Maestra et que le gouvernement révolutionnaire de Cuba a exprimés tant de fois par les paroles et les actes de son Premier ministre, du commandant Che Guevara et de tant d'autres dirigeants révolutionnaires ». Malgré les précautions de langage, la rupture était consommée. Définitivement ? Pas pour tout le monde. Plusieurs des signataires, notamment Julio Cortázar et Gabriel García Márquez, n'allaient pas tarder à rentrer dans le giron castriste avec une ferveur renouvelée.

Le 27 avril, Padilla fut remis en liberté. Mais le soir même, dans les locaux de l'UNEAC, le poète, qui n'était plus que l'ombre de lui-même (il n'a jamais voulu raconter en détail ce qu'il avait dû endurer pendant toute la période passée dans les dépendances de la Sécurité de l'État), se livra à une autocritique en règle devant un parterre médusé, parcouru dans son ensemble par cette peur que, dix ans auparavant, Virgilio Piñera, dans sa déclaration prémonitoire, avait sentie pointer à l'horizon. Padilla, pour sa part, battit sa coulpe pendant des heures, loua la générosité de la police politique, celle-là même qui l'avait arrêté, dénonça ses amis et jusqu'à sa propre femme, comme « ennemis de la révolution ». Sa confession était, bien entendu, du même ordre que celle qu'eurent à effectuer sous d'autres latitudes mais sous un régime semblable un Artur London en Tchécoslovaquie ou, antérieurement, les accusés des procès de Moscou en URSS. Parfois Padilla exagérait tellement les bienfaits de la révolution à son égard que ses propos résonnaient comme une accusation voilée, exactement le contraire de ce que disaient ses paroles : « Jamais je ne me lasserai de remercier la révolution pour l'opportunité qu'elle m'a donnée de diviser ma vie en deux : celui que j'ai été et celui que je serai. La révolution a été immensément généreuse à mon égard. »

Beaucoup d'intellectuels comprirent cette fois que l'histoire se répétait dangereusement, que la révolution cubaine, après tout, n'était pas si différente des autres régimes communistes, contrairement à ce qu'ils avaient pu croire dans un moment d'égarement. Fidel Castro lui-même se chargea de leur ôter tout doute possible. Dans un discours prononcé quelques jours plus tard, lors de la clôture du premier congrès de l'Éducation et de la Culture, il s'en prenait violemment aux « pseudo-gauchistes éhontés qui veulent être couverts de lauriers tout en vivant à Paris, à Londres, à Rome », ainsi qu'aux « Latino-Américains éhontés, qui, au lieu d'être dans la tranchée de combat..., vivent dans les salons bourgeois ».

Ceux auxquels Castro faisait allusion répondirent par un deuxième texte, signé par les mêmes et quelques autres (à l'exception de ceux qui avaient préféré abandonner le bateau de la critique à temps), avec moins de précautions rhétoriques, qualifiant la confession de Padilla et les interventions de quelques-uns des assistants à la réunion comme « une pénible mascarade d'autocritique » qui rappelait « les moments les plus sordides de l'époque stalinienne ». Certains des signataires, tels Mario Vargas Llosa, Octavio Paz, Juan Goytisolo ou Jorge Semprún, ne cessèrent dès lors d'acérer leur jugement vis-à-vis du castrisme, devenant ainsi des ennemis irréductibles du régime. Naturellement, leurs livres, de même que toute référence les concernant, furent désormais bannis de l'île. L'ambassadeur de l'Unité populaire chilienne, l'écrivain Jorge Edwards, fut, lui, déclaré *persona non grata* du fait de ses liens étroits avec le poète déchu. L'« affaire Padilla » divisa profondément l'ensemble de l'intelligentsia latino-américaine. C'en était fini du romantisme attribué à la révolution cubaine et du rôle d'avant-garde des peuples du sous-continent que celle-ci était censée jouer.

Heberto Padilla ne put s'exiler qu'en 1980, grâce aux interventions de Gabriel García Márquez en sa faveur. Avant son départ, Fidel Castro en personne lui fit la morale : « Même si tu n'arrives pas à l'admettre publiquement, je sais que cette révolution grandira de plus en plus dans ta mémoire. » Padilla écrivit plus tard : « Effectivement, un mois après mon départ, je pus me rendre compte que la révolution grandissait dans ma mémoire, mais avec horreur. » Cependant, l'homme était définitivement brisé. Il mourut en 2000, dans une bourgade perdue des États-Unis, où il donnait quelques cours de littérature aux étudiants.

D'autres autocritiques retentissantes auront lieu, sans se limiter aux intellectuels, comme on le verra au cours de l'« affaire Ochoa », en 1989. Cependant, lorsque, au printemps 2003, près de quatre-vingts dissidents furent jugés et condamnés à de longues peines de prison lors de procès expéditifs, qui se déroulèrent dans une mise en scène toujours aussi stalinienne, avec force mouchards et témoignages inventés de toutes pièces, aucun des accusés ne fit son autocritique. La peur, celle-là même qu'avait pointée du doigt Virgilio Piñera dès les premières années de la révolution, et qui avait été l'un des principaux instruments de contrôle de la population, avait fini par s'estomper. Au moins partiellement.

6

L'« affaire Ochoa »

Jamais il n'y eut de « printemps de La Havane ». Tandis que toute l'Europe de l'Est se transformait à pas de géant après l'arrivée de Mikhaïl Gorbatchev au Kremlin, les autorités cubaines entreprirent de verrouiller leur système, sans doute conscientes que toute libéralisation politique ou économique était susceptible de dégénérer et de menacer le régime entièrement soumis à la volonté des frères Castro. Depuis 1986, l'île était entrée dans la période de « rectification des erreurs ». Il s'agissait de centraliser davantage encore l'économie et de supprimer les quelques tentatives de mise en place d'initiatives privées, comme les « marchés libres paysans », grâce auxquels les agriculteurs, enrôlés de force dans les coopératives de l'État, pouvaient se rendre en ville de temps en temps pour vendre les quelques produits qu'ils avaient cultivés dans de petites parcelles leur appartenant, à des prix souvent prohibitifs. Les « marchés libres », de même que d'autres petites entreprises, apparaissaient et disparaissaient au gré des humeurs du Commandant en chef, depuis la nationalisation totale du commerce mise en place lors de l'« offensive révolutionnaire » lancée en 1968.

Parallèlement, les troupes castristes qui, depuis 1975, menaient des « campagnes internationalistes » en Afrique, se voyaient obligées de quitter ce continent à la suite des accords de paix sur l'Angola signés fin 1988. L'Union soviétique, en effet, n'avait plus besoin de ces pions devenus trop encombrants : la guerre froide touchait à sa fin. Les soldats cubains rentraient dans l'île, nombre d'entre eux dans des linceuls, d'autres en tant que « héros ». Mais le régime avait du mal à les recycler, aucune « guerre de libération nationale » ne se profilant à l'horizon. Les anciens combattants se retrouvèrent bien vite à l'abandon ou en train de manier la pelle et la pioche, travail auquel ils n'étaient guère préparés. Leur chef était Arnaldo Ochoa, membre de la colonne de Camilo Cienfuegos dans la Sierra Maestra, alors qu'il était encore adolescent, puis, bien plus tard, combattant au Nicaragua pour défendre le gouvernement des sandinistes (lesquels devraient, en 1990, abandonner le pouvoir à la suite d'un scrutin démocratique), et finalement général de division en Angola. Ochoa avait remporté la bataille décisive de Cuito Cuanavale en 1987 contre les forces de la République sud-africaine, encore régie par le système de l'*apartheid*, qui appuyaient leurs alliés de l'UNITA contre le gouvernement marxiste angolais. À cette occasion, l'armée cubaine avait livré un gigantesque combat de chars contre la principale puissance militaire du continent africain. C'était un véritable affrontement moderne et non plus une minuscule guérilla. Ochoa rentrait donc à Cuba auréolé d'un grand prestige, même si Fidel Castro s'était chargé de faire savoir à la population qu'il avait lui-même dirigé la guerre en Angola depuis son bureau du palais de la Révolution à La Havane. Le général victorieux apparaissait ainsi comme la seule personne capable de faire de l'ombre au Commandant en chef.

De plus, il était proche d'autres officiers qui avaient participé sous ses ordres aux campagnes africaines, dont quelques-uns avaient étudié à l'Académie militaire Frounzé en URSS et, par là même, fréquentaient des militaires soviétiques partisans de la *perestroïka*. Parfois, il faisait part à haute voix de ses préoccupations quant à la situation matérielle de ses compagnons d'armes à Cuba. C'est dans ce contexte qu'eut lieu, en avril 1989, la visite de Gorbatchev à Cuba – un déplacement prévu pour la fin de l'année précédente mais différé en raison d'un tremblement de terre en Arménie. Ce report avait eu le don d'irriter Fidel Castro, peu habitué à se voir réduit à un rôle secondaire. Pendant le séjour du dirigeant soviétique à Cuba, le général Ochoa apparut souvent à ses côtés. Les discussions entre Castro et Gorbatchev furent décrites, en langage diplomatique, comme franches. Le Líder Máximo se permit d'interrompre publiquement le dirigeant soviétique pour lui faire part de ses désaccords vis-à-vis de la *perestroïka,* et lui lancer un avertissement à peine voilé : Cuba ne suivrait pas le même chemin et lui, Fidel Castro, continuerait à être le maître incontesté à bord de son île. Plus encore, il allait mener le combat contre ceux qu'il soupçonnait de vouloir en finir avec le communisme. Le terrain choisi serait celui de la répression interne.

Cependant, il ne fallait surtout pas que cette purge se présente comme un affrontement avec la nouvelle politique du Kremlin, étendue aux pays frères, dont Cuba dépendait économiquement sur tous les plans, y compris pour les pièces de rechange de ses bus, ses tracteurs ou ses camions. Il valait mieux placer la nouvelle « affaire » sur un terrain moralisateur susceptible de ne pas déclencher trop de protestations internationales. Le motif était tout trouvé : la drogue.

C'était l'époque où l'administration de George Bush (père) était lancée dans une véritable « croisade » contre la drogue et ses effets sur le territoire américain. Plusieurs gouvernements latino-américains se trouvaient alors dans la ligne de mire des États-Unis, notamment celui du général Noriega, au Panamá, contre lequel l'armée américaine allait lancer, quelques mois plus tard, en décembre, une intervention éclair en vue de le chasser du pouvoir et de le faire juger et condamner en Floride. Le gouvernement cubain et ses services de sécurité se trouvaient eux aussi dans le collimateur. Une partie de la drogue en provenance de Colombie transitait, selon la DEA (l'agence antidrogue américaine), par l'île. Le Panamá, pour sa part, était une plaque tournante pour le blanchiment d'argent sale et son général-président Manuel Antiono Noriega entretenait des rapports très étroits avec Castro. Afin de prendre les devants face à une dénonciation publique de l'administration américaine, le Líder Máximo n'eut de cesse de lier l'arrestation de près d'une vingtaine d'officiers supérieurs au trafic de drogue.

Mais Fidel et Raúl Castro pouvaient-ils ignorer un trafic de ce genre dans et autour de l'île ? « Quiconque connaît un tant soit peu le système castriste sait qu'il est impossible de faire quoi que ce soit à Cuba sans que les frères

Castro le sachent ou sans qu'ils en aient eux-mêmes donné l'ordre », expliquait alors Huber Matos, en exil à Miami, après avoir purgé la totalité de sa peine à Cuba. Il ajoutait que, selon lui, l'« affaire Ochoa » trahissait en fait « l'existence d'un conflit politico-militaire à l'origine d'une crise de l'ensemble du système ».

Il y avait en réalité deux volets dans l'« affaire ». D'un côté, le pouvoir castriste devait se débarrasser du général Ochoa, devenu un rival potentiel beaucoup trop dangereux. D'ailleurs, au cours du procès, l'accusation qui le visait n'évoqua pas le trafic de drogue, mais seulement celui de l'ivoire et de diamants, ce que le général déchu reconnut comme un moyen légitime de financer ses campagnes militaires en Afrique. De l'autre, il convenait d'impliquer d'autres officiers importants, engagés sans doute dans des opérations de « récupération de devises » par les moyens les plus inavouables au sein d'un département ultrasecret du ministère de l'Intérieur, dénommé MC (les initiales de « monnaie convertible »), mais surnommé plus tard « marijuana et cocaïne ». Parmi eux figuraient les jumeaux Tony et Patricio de la Guardia, des baroudeurs qui, bien qu'issus de la bourgeoisie cubaine, s'étaient convertis aux tâches les plus sales de la révolution [1]. Le bras armé de la révolution cubaine à l'étranger se trouvait ainsi sur le banc des accusés.

Il fallait faire d'une pierre deux coups. Peu de temps auparavant, le 3 juin, le « printemps de Pékin » – ressenti comme une nouvelle menace par le régime cubain – avait été réprimé dans le sang sur la place Tiananmen. Le 11 juin, à la suite d'une fête un peu trop arrosée qui avait eu lieu chez le général Diocles Torralba, ministre des Transports, pendant laquelle les gradés avaient beaucoup parlé sans se douter que leurs propos étaient enregistrés par des micros de la Sécurité de l'État placés un peu partout dans l'appartement, un certain nombre d'entre eux furent arrêtés par la police politique. Le lendemain, le journal du Parti, *Granma*, annonçait leur détention en quelques lignes, sans aucune explication. La population

1. Présents au Chili en septembre 1973 au moment du coup d'État contre Salvador Allende, ils se retrouvèrent ensuite en Syrie en octobre 1973, à la tête d'une brigade cubaine chargée de défendre Damas contre les troupes israéliennes lors de la guerre du Kippour ; en Angola à partir de 1975 avec le régime en place, à la fois contre les autres mouvements de guérilla anticolonialiste et les troupes sud-africaines ; dans l'Éthiopie « socialiste » du colonel Mengistu en 1977 contre la Somalie de Syad Barré, elle aussi « socialiste » ; au Nicaragua à partir de 1979 aux côtés des sandinistes contre les *contras* ; c'est-à-dire partout où les troupes cubaines pouvaient se déployer sur un théâtre d'opérations devenu planétaire.

de l'île se réveillait sonnée : parmi les noms mentionnés figurait celui d'Arnaldo Ochoa, le « héros » de la guerre d'Angola. Les Cubains durent assister alors à la déchéance brutale d'un homme présenté quelques mois plus tôt comme un demi-dieu. On commença par lui ôter son uniforme devant un tribunal d'honneur, après un procès digne de celui du capitaine Dreyfus. Ochoa, visiblement drogué, déclara en guise de conclusion : « S'il arrive que je sois fusillé, ma dernière pensée sera pour Fidel. » Le vaillant guerrier de naguère avait été moralement détruit. Mais pas pour longtemps.

Quelques jours plus tard, il réapparut en civil, entouré d'une vingtaine d'anciens officiers, eux aussi dégradés, devant une cour martiale. Le procureur n'était autre que le ministre de la Justice, le général Juan Escalona : Fidel Castro, lui-même ancien avocat, ne s'est jamais beaucoup préoccupé de la séparation des pouvoirs. Le ministre-procureur éructait, posant des questions incohérentes dans le seul but de faire avouer aux accusés des délits indéfinis. Les inculpés y répondaient mécaniquement, sans avoir l'air de comprendre ce qui leur arrivait. Tous savaient qu'ils seraient condamnés, certains à la peine capitale, avec comme seul espoir une grâce bien improbable du Commandant en chef. Mais Arnaldo Ochoa avait décidé de ne plus jouer le jeu. Il affichait un rictus de défiance, répondant avec une ironie mordante chaque fois qu'il en avait l'occasion et trouvant le moyen d'exprimer, de façon voilée, ses propres objectifs au moyen d'un double langage dont les Cubains connaissent parfaitement les codes. Le Líder Máximo lui-même s'en plaignit. Pour justifier devant le Conseil d'État la sentence de mort, il déclara : « Ochoa a été sincère devant le tribunal d'honneur, mais il ne l'a plus été devant la cour martiale. Il ne l'a plus été ! Il était différent. C'était un autre homme, vide. Il n'a pas voulu assumer toute la responsabilité. Il a dit des mensonges. »

Castro, contrairement à nombre d'observateurs internationaux de la révolution cubaine qui avaient prêté foi à la version officielle du régime, comprit parfaitement les propos de l'accusé. Pour preuve ce dialogue, plein de sous-entendus et de vérités présentées comme des mensonges distillés par la propagande des États-Unis :

> Ochoa : En fait, qu'est-ce qu'on dit là-bas ? Qu'il y a, ici, une scission politique, que ce qui se produit à Cuba est un soulèvement militaire séditieux, qu'il y a des révoltes au sein du ministère des forces armées et du ministère de l'Intérieur, qu'il existe des divisions à l'intérieur du Parti...

Le procureur : Que vous avez davantage de mérites militaires que Fidel, que c'est pour cela qu'on vous supprime.
Ochoa : Oui, mais ça c'est déjà plus drôle.
Le procureur : Oui, ça fait rire.
Ochoa : Oui, oui, ça... On dit qu'ici il y a une lutte entre les vieux et les jeunes et que, bon, Castro est en train d'effectuer une purge...

Le sourire sarcastique du général Ochoa et ses allusions parfaitement maîtrisées signèrent son arrêt de mort. Frappée par ce sourire et ces paroles, retransmis tous les jours à la télévision en léger différé pendant près d'un mois, la population commençait à prendre fait et cause et à manifester sa sympathie pour ce héros dégradé, capable de vaincre de puissantes armées ennemies et, surtout, de narguer le Commandant en chef.

Raúl Castro, dans un discours hallucinant, totalement décousu et contradictoire, prononcé peu avant le procès devant un parterre d'officiers terrorisés, l'avait traité de « charlatan », de « populiste » et de « plaisantin », chez qui il était impossible de distinguer le vrai du faux. Il avait aussi évoqué à plusieurs reprises la situation dans les pays de l'Est sur un ton méprisant : « Ceux qui ne veulent pas rester, qu'ils s'en aillent. Ils peuvent aller en Hongrie, en Pologne (je suis l'ami intime du général Jaruzelski), en Chine, en... Arménie. » Il alla même jusqu'à revendiquer les racines idéologiques les plus éculées : « Un jour ils l'enlèvent, un autre jour ils le remettent : Staline, le grand Géorgien, le vainqueur de la Grande Guerre patriotique. » Il dévoilait ainsi le substrat du procès : il s'agissait bien d'une affaire politique et non d'un simple trafic de drogue (personne à Cuba n'avait jamais été fusillé pour cela ni ne le serait par la suite). Ochoa et quelques-uns de ses coaccusés étaient en fait suspectés de sympathies gorbatchéviennes, ce qui, à ce moment précis, était pis que d'être traité d'« agent de la CIA ». Raúl Castro ne faisait qu'insinuer la teneur des véritables accusations portées contre eux : « Que s'est-il passé avec Ochoa ? Que s'est-il passé avec Diocles ? Un jour, on saura probablement ce qu'ils ont fait. » Il fallait à tout prix désamorcer l'aspect politique de l'affrontement avec la direction de la révolution, de peur d'une éventuelle réaction des forces armées.

Y avait-il eu une tentative de coup d'État ? Sans doute. C'est ce qui ressort d'une lettre écrite avant son arrestation par l'un des officiers fusillés, Amado Padrón, dans laquelle il faisait état de sa détermination, avec d'autres militaires, de remédier à « l'énorme crise économique, sociale et politique du pays ».

Fidel Castro ne pouvait pas se permettre de voir son pouvoir contesté. Il serait alors devenu une pièce trop fragile face à un Mikhaïl Gorbatchev décidé à remplacer les anciens alliés de l'URSS, devenus caricaturaux (à l'image d'un Erich Honecker en Allemagne de l'Est), par des hommes plus ouverts aux temps nouveaux introduits par la *glasnost*. Deux jours après le discours de son frère, le Commandant en chef, dans un article non signé publié dans *Granma*, donna sa version des faits, la seule valable dorénavant. La trahison du général Ochoa n'avait, sous sa plume, rien de politique. Il s'agissait d'un simple trafic de drogue, de diamants ou même d'ivoire, peu importait. Qui, dans le monde, oserait prendre la défense de vulgaires délinquants ? Certainement pas l'administration américaine. Les autorités soviétiques ne pouvaient pas non plus dévoiler leurs contacts secrets au sein des forces armées cubaines. De plus, Castro pouvait se présenter comme un grand moraliste, capable de devancer les désirs des États-Unis et de limiter la propagation de la drogue sur le territoire américain, se permettant le luxe de prétendre vouloir préserver la santé de sa population et particulièrement de sa jeunesse. Encore une fois, il était capable de transformer le revers en victoire.

Mais quelque chose était définitivement brisé au sein du peuple cubain et de ce qui restait de ses idéaux révolutionnaires. Si les anciens

« héros » pouvaient d'un coup être considérés comme des « traîtres », alors toutes les valeurs morales inculquées depuis des décennies devaient être remises en question. Valait-il la peine de combattre dans des contrées lointaines en essayant d'exporter la révolution pour en arriver là ? Le spectacle du procès demeure encore aujourd'hui dans toutes les mémoires comme un moment de honte. Ce fut l'un des derniers véritables procès staliniens organisés dans le monde.

Le 13 juillet, Arnaldo Ochoa, Tony de la Guardia, Jorge Martínez et Amado Padrón furent fusillés, les autres accusés condamnés à de longues peines de prison. L'un des dirigeants historiques de la révolution, le commandant Guillermo García, osa s'opposer un instant aux exécutions, mais il fut vite convaincu du bien-fondé de la mesure après l'intervention de Castro devant le Conseil d'État. Il n'y eut que peu de réactions internationales. Cependant, Fidel Castro se vit retirer son invitation à assister le lendemain, 14 Juillet, à Paris, aux cérémonies du bicentenaire de la Révolution française, mère de toutes les révolutions et particulièrement de la cubaine, qui a toujours vu dans la Terreur une justification idéologique de la répression menée dans l'île depuis l'instauration du nouveau pouvoir. Ce n'était que partie remise : en 1995, le Líder Máximo, malgré les protestations de certains secteurs de la presse et de l'opinion, fut reçu sur le perron de l'Élysée par le couple Mitterrand, avec force sourires et embrassades, puis il assista, en janvier 1996 à Notre-Dame, aux funérailles officielles du président défunt ; Danielle Mitterrand, pour sa part, n'a jamais raté la moindre occasion d'afficher un soutien et une admiration sans faille à son égard.

Toujours est-il que l'« affaire Ochoa » signifia la fin de toute velléité de soulèvement militaire contre les frères Castro. Quelques semaines plus tard, en août 1989, le ministre de l'Intérieur, José Abrahantes, était à son tour arrêté et condamné à vingt ans de prison, sans doute pour ne pas avoir su déceler à temps la conspiration naissante. Il mourut de manière fort suspecte pendant un transfert de la prison à l'hôpital. Des dissidents civils furent arrêtés et lourdement condamnés pour avoir dénoncé les exécutions comme un « crime ». Les versions en espagnol de deux publications soviétiques, *Les Nouvelles de Moscou* et *Spoutnik*, furent purement et simplement interdites. À Cuba, il n'y avait pas de place pour la *perestroïka.* Quelques mois plus tard, le système communiste en vigueur dans les pays de l'Est s'écroulait. Le mur de Berlin pouvait bien tomber, celui du Malecón, l'avenue du bord de mer de La Havane, résisterait, lui, à tous les ouragans.

7

« Période spéciale en temps de paix »

Avec la fin du bloc communiste, qu'allait-il advenir de l'économie cubaine, portée à bout de bras par ses partenaires du COMECON, le marché commun des pays socialistes, au sein duquel Cuba exportait son sucre et recevait en échange les équipements industriels les plus vétustes, mais aussi de la viande en conserve et une grande quantité de produits alimentaires, souvent immangeables, mais nécessaires à la survie de sa population ? L'Union soviétique avait investi à perte dans l'île, notamment dans des bases militaires et des systèmes de surveillance de l'« impérialisme américain ». La dette de Cuba à l'égard de l'URSS et des pays de l'Est était colossale, mais elle était systématiquement reportée ou effacée en raison de l'énorme intérêt stratégique que représentait l'île.

Dès 1991, Castro décréta l'instauration de la « période spéciale en temps de paix », autrement dit de la pénurie institutionnalisée, bientôt accompagnée, en 1993, de la légalisation du symbole le plus puissant de l'ennemi : le dollar.

Le Commandant en chef demeurait désormais orgueilleusement seul face à la puissance américaine, défendant la pérennité d'un système moribond auquel plus personne n'accordait le moindre crédit. Comment se fait-il qu'il ait survécu ? En premier lieu, parce que le socialisme à la cubaine a toujours été un système autochtone, dépendant économiquement de l'Union soviétique et de ses alliés, mais qui a su se ménager un espace bien à lui comme porte-drapeau du tiers-monde, et ce, dès le milieu des années soixante, au moment de la querelle sino-soviétique. Ensuite, parce que les frères Castro avaient pris soin de tuer (littéralement) dans l'œuf toute tentative d'évolution démocratique, réprimant à la fois les mouvements dissidents et les velléités de libéralisation au sein de l'appareil du Parti, des forces armées et de l'État. Enfin parce que, en maintenant la population dans un état d'extrême pénurie – l'immense majorité des habitants est de ce fait uniquement préoccupée par la survie individuelle –, ils empêchaient paradoxalement toute révolte collective, d'autant qu'il restait aux Cubains l'espoir d'une échappatoire possible : se lancer à la mer, par n'importe quel moyen, dans le but d'atteindre, malgré les dangers, la péninsule de la Floride, autrement dit la liberté.

Castro croyait sans doute que les difficultés que connaissait le monde communiste étaient transitoires, que la période gorbatchévienne, de même que l'ère khrouchtchévienne auparavant, ne seraient qu'un intermède. C'est pourquoi il appuya de toutes ses forces la tentative de coup d'État contre Mikhaïl Gorbatchev en août 1991. D'ailleurs, un certain nombre de putschistes étaient liés à Cuba, pour y avoir effectué des séjours dans le passé. L'esprit de résistance de Castro était leur modèle. Mais le putsch fit long feu et, en décembre 1991, l'Union soviétique disparut. Cuba, pour sa part, s'installait pour de longues années dans cette « période spéciale » dont, aujourd'hui encore, personne n'entrevoit la fin.

Qu'a signifié cette entrée dans une nouvelle époque ? Avant tout, que les principes qui avaient guidé la construction du socialisme cubain étaient relégués au placard, pour un temps plus ou moins long, le délai nécessaire pour que le reste du monde se remette en marche vers le progrès annoncé par le marxisme-léninisme. Il fallait bien expliquer au peuple cubain que tous les principes énoncés jusqu'alors, fondés sur un égalitarisme plus ou moins prononcé, étaient remis en question par l'introduction du dollar, du tourisme et de l'argent envoyé par les exilés cubains de Floride et d'ailleurs. En somme, que le système se voyait obligé d'introduire à marche forcée des éléments du capitalisme, produisant un fossé insurmontable entre ceux qui avaient des dollars et ceux qui n'en avaient pas.

Raúl Rivero, poète et journaliste indépendant, condamné en avril 2003 à vingt ans de prison, résume ainsi la situation :

> Personne ne nous a prévenus de cette guerre
> qui a éclaté sans bande sonore.
> Les sirènes ne hurlent pas en ville
> le ciel ne s'est pas obscurci de fumée
> mais les évacués et les blessés
> passent lentement dans des camions
> à bicyclette et en voiture à chevaux
> pour se rendre chez eux ou à leur travail
> calmement
> avec une faim tenace
> qui les tue.

Le poème s'intitule « Bulletin de guerre » et il est daté de l'« An V de la période spéciale ».

Aux premiers temps de la révolution, chaque année recevait une dénomination spécifique : « Année de l'Alphabétisation », « du Viêtnam héroïque », « du Guérillero héroïque », « de l'Effort décisif », etc. Puis l'imagination a manqué. Cela devint « Année du vingtième anniversaire de la Révolution », « du vingt-cinquième anniversaire de l'attaque de la caserne Moncada », « du cinquantième anniversaire de la Révolution », « du cinquantième anniversaire de l'attaque de la caserne Moncada », et ainsi de suite. Pour Raúl Rivero et bien d'autres, qui avaient adhéré à l'idéologie révolutionnaire dès les premiers jours, la « période spéciale » n'était pas une péripétie comme les autres. Après l'« affaire Ochoa », elle signifiait la fin des illusions. Pour l'ensemble des Cubains, elle représentait l'entrée dans le principe de réalité qui entourait l'île et, surtout, des difficultés quotidiennes insurmontables.

Car il s'agissait bien d'une économie de guerre. Le carnet de rationnement existait depuis le début des années soixante. Théoriquement, les produits distribués par la *libreta* étaient suffisants pour assurer les besoins essentiels de la population. Cela n'a jamais été le cas. Il fallait absolument recourir au marché noir pour survivre. Mais là, le recours à la débrouille se généralisa. Il y a un avant et un après l'instauration de la « période spéciale ».

Les immeubles en ruine de la capitale montrent l'évidence la plus criante de l'état d'abandon dans lequel a été submergé tout un pays. Quiconque daigne s'éloigner un peu de la Vieille Havane, classée par l'UNESCO au

Patrimoine mondial de l'humanité, et dont les façades ont été restaurées à grands frais afin d'offrir aux touristes, en même temps que les plages de sable fin de Varadero, un itinéraire balisé, ne voit plus que des rues défoncées, des palais coloniaux qui s'écroulent, des installations électriques non protégées des intempéries, des quartiers entiers à la dérive, des bidonvilles impossibles à cacher aux yeux des visiteurs. La Havane a des airs de Beyrouth autrefois, mais aucune guerre n'y a jamais eu lieu. Et pourtant...

Dès le début des années quatre-vingt-dix, la ville a été percée de tunnels pour préparer sa défense contre un ennemi invisible, si ce n'est inexistant. Des dizaines de chars y sont entreposés afin de parer à toute éventualité. Il y a aussi dans les sous-sols un système de communications ultramoderne. Les frères Castro ont toujours rêvé de faire de Cuba une gigantesque base militaire. Le « temps de paix » vise à préparer les guerres à venir. Sur le plan interne, la « période spéciale » se traduit par le syndrome de la forteresse assiégée. L'obsession de la guerre a toujours servi à justifier les pénuries, le carnet de rationnement, l'embrigadement idéologique et les mobilisations de masse. Sans la menace permanente, tout cela n'aurait pas été possible pendant plus de quatre décennies. Mais qui croit encore à une « invasion »?

La propagande idéologique a perdu son pouvoir de conviction d'antan. Avec la fin de l'Union soviétique, le castrisme voyait disparaître à la fois sa raison d'être et son principal appui, auquel il servait en même temps de pion et d'aiguillon. En 1993, il a donc fallu introduire, pour faire face à la banqueroute économique, le billet vert : le dollar. L'ennemi avait désormais libre cours au sein même du territoire cubain.

Le *peso* (la monnaie nationale) n'avait jusqu'alors qu'une valeur conventionnelle mais son taux de change face au billet vert s'était maintenu stable (un *peso* pour un dollar, environ). Seuls les diplomates ou ceux qui jouissaient d'un statut semblable (les révolutionnaires d'autres pays, par exemple) avaient le droit d'utiliser des devises pour se procurer les biens dont le reste de la société ne pouvait profiter. Pour celle-ci, posséder des devises étrangères constituait un délit passible de nombreuses années de prison, de même que consommer de la viande au-delà des quantités permises par la *libreta* ou tuer un animal pour le manger.

Ce qui était remis en question, c'étaient les règles d'ascension sociale, fondées sur le « mérite révolutionnaire ». Avant la « période spéciale », en travaillant dur dans les « microbrigades » pour construire des logements collectifs, on pouvait espérer avoir un jour un logement à soi, suffisamment spacieux, dans un pays où les immeubles s'écroulent faute de ciment et d'entretien, et où la promiscuité absolue est la règle. Avec l'instauration de la « période spéciale », plus besoin d'être un « bon révolutionnaire », d'effectuer des gardes de nuit au sein des Comités de défense de la révolution (les CDR, surnommés « comités de mouchards », chargés de surveiller toutes les allées et venues, ainsi que les propos des habitants du quartier), de se lever le dimanche pour faire du « travail volontaire », de se livrer à des séances humiliantes de « critique » et d'« autocritique » devant les militants et dirigeants du Parti ou de la Jeunesse communiste à l'université ou chez les enfants « pionniers ». Les maigres privilèges que l'on pouvait obtenir en devenant « ouvriers d'avant-garde » paraissaient dérisoires face à la possession d'un sésame, le dollar, que l'on pouvait obtenir plus rapidement par d'autres moyens : en travaillant illégalement comme chauffeur de taxi, en ouvrant des mini-restaurants privés (*paladares*) d'abord illégaux, puis légaux, puis simplement tolérés, en louant des chambres aux visiteurs, en se débrouillant pour être employé dans le secteur touristique, mais cela n'était réservé qu'à des militants éprouvés du Parti.

La Havane vit ses trottoirs se couvrir de *jineteras* (des « écuyères ») et aussi de *jineteros*, devenant ainsi l'un des hauts lieux du tourisme sexuel, alors que la prostitution, selon la propagande officielle, avait été éradiquée dès les premières années de la révolution, les péripatéticiennes ayant été « rééduquées ». Le Líder Máximo en personne reconnaissait le phénomène, en précisant toutefois que « nos prostituées » étaient « les plus éduquées du monde ». Une espèce de capitalisme sauvage commençait à prendre forme dans une île aux structures économiques et politiques refermées sur elles-mêmes.

Cela créait aussi un fossé entre les générations. Ceux qui avaient fait la révolution, en participant aux luttes insurrectionnelles ou aux mobilisations pour la construction du socialisme, voyaient leurs espoirs s'envoler au fur et à mesure que les « acquis », tant vantés par le régime, se réduisaient à peau de chagrin avec l'apparition du dollar roi. L'« homme nouveau » conceptualisé par le Che Guevara, qui était censé remplacer les « stimulants matériels », autrement dit l'argent et les privilèges de tous ordres, par des « stimulants moraux » (diplômes de travailleurs d'« avant-garde », cooptation dans les organes dirigeants du Parti et de la Jeunesse communistes ou « élection » comme délégués aux assemblées du Pouvoir populaire) jamais vraiment mis en œuvre faute de conviction suffisante, était jeté aux oubliettes. Le Che, dont les restes furent opportunément retrouvés en Bolivie en 1997, au moment du trentième anniversaire de sa mort, repose désormais dans un mausolée à Santa Clara, sur les lieux mêmes de l'un de ses principaux combats dans la lutte contre Batista. Son portrait continue à être porté par les touristes à Cuba et par les militants antiglobalisation (ou altermondialistes) dans le monde. Mais ses utopies irréalistes et sanglantes sont à présent enterrées avec sa dépouille.

La jeunesse, pour sa part, ne croit plus vraiment aux préceptes communistes ni aux dogmes imposés. Les « acquis », pour elle, ne sont que les plus élémentaires des droits. Pour la plupart des Cubains nés après 1959, aucun élément de comparaison avec le régime antérieur n'a de signification concrète. Le discours de leurs parents leur semble si lointain… « Les jeunes ressemblent davantage à leur temps qu'à leurs parents », écrivait le journaliste indépendant Iván García dans un texte intitulé « Adieu à l'homme nouveau ». Et l'époque n'est plus, depuis longtemps, à l'exaltation révolutionnaire.

Pour survivre dans la pénurie ambiante, il faut se débrouiller, *resolver*, faire ce qu'il est possible en dehors du cadre de la légalité socialiste. Mais qu'est-ce qui est légal et qu'est-ce qui ne l'est pas ? Personne n'est plus capable de le déterminer, pas même ceux qui édictent les lois pour les contourner aussitôt, à savoir l'appareil de l'État et du Parti. Une contre-société commence à se mettre en place, bousculant les règles établies dans le passé. Dans ce fonctionnement anarchique mais encore contrôlé politiquement, tous, déçus du socialisme et jeunes désabusés, se retrouvent pour tenter d'en finir avec un « double langage » proche de la schizophrénie, assimilé dès l'âge le plus tendre à l'école ou dans les organisations d'embrigadement des enfants où l'on apprend à répéter, en plaçant sa main devant son font : « Pionniers pour le communisme, nous serons comme le Che ! »

Avec l'instauration de la « période spéciale », l'égalitarisme officiellement affiché est mort. Les certitudes idéologiques patiemment énoncées se sont écroulées les unes après les autres. Paradoxalement, cela a permis de ne plus trop dissimuler, malgré la peur au ventre, en espérant simplement un jour pouvoir abandonner l'île à la dérive à la recherche d'une vie meilleure où l'on n'aura plus à répéter exactement le contraire de ce que l'on pense, même au sein de sa famille, de peur d'être dénoncé par ses propres enfants.

8

Un cimetière marin : le détroit de la Floride

L'odyssée d'un enfant sauvé des eaux, le petit Elián González, accapara, de novembre 1999 à avril 2000, l'attention des médias du monde. À lui tout seul, il personnifiait une tragédie collective, celle de l'exil.

Elián avait quitté Cuba en compagnie de sa mère, de son beau-père et d'une quinzaine d'autres fugitifs. Leur radeau, pris dans une tempête, chavira. Presque tous ses occupants périrent noyés au milieu des courants du détroit de la Floride. Parmi les rares survivants, il restait le petit garçon, désormais orphelin de mère et dont le père, lui, était demeuré à Cuba. Les oncles paternels d'Elián, réfugiés de longue date à Miami, recueillirent l'enfant. Dès lors, une gigantesque bataille politico-judiciaire s'engagea entre le gouvernement castriste et la diaspora cubaine aux États-Unis, impliquant également l'administration américaine du président Bill Clinton.

Des histoires de naufragés – des miraculés mais aussi des fugitifs qui ont eu moins de chance –, il y en a des milliers. Presque toutes les familles cubaines sont ainsi, écartelées. Au cours de l'interminable règne castriste, la fuite a été le principal moyen de révolte, individuelle ou collective, parce qu'il n'y avait pas d'autre issue. L'« affaire Elián » cristallisa toutes les tensions en conférant à un terrible drame familial une dimension symbolique.

Mais très vite, le drame prit une tournure politique. Fidel Castro s'appropria littéralement l'enfant en manipulant à sa guise la figure soumise de son père, Juan Miguel González, resté à Cuba. La mère, Elizabeth Brotóns, n'avait plus, pour sa part, droit à la parole : elle était morte. Il ne restait pour défendre le petit garçon que ses oncles de Miami, ainsi que sa jeune cousine. La famille, déjà éclatée, se déchira encore plus dans un fracas de déclarations publiques. Mais le problème la dépassait amplement.

Le Líder Máximo cherchait la confrontation, afin d'infliger une déroute à un exil déboussolé, profondément divisé, n'ayant pour lui que l'argument de la liberté désirée par la mère au sacrifice de sa vie. Castro avait également pour but de disqualifier la communauté cubaine de Floride aux yeux de la population et du gouvernement américains. Il avait en main l'évidence du droit international et un instrument de premier ordre : le père éploré, simple marionnette à son service, agitant un petit drapeau cubain et portant un tee-shirt avec le mot d'ordre « Libérez Elián ! » pendant que lui, le père de la nation, prononçait ses attaques virulentes contre l'administration Clinton et « la mafia terroriste de Miami ».

L'île tout entière fut paralysée pendant des mois. Les manifestations devant la Section des intérêts américains, l'ancienne ambassade des États-Unis, étaient quotidiennes. Une tribune « anti-impérialiste » fut installée sur le Malecón. Les orateurs s'y succédaient, rendant tous la « propagande US » responsable de la volonté d'émigrer de nombre de Cubains et, par là même, de la mort de la mère d'Elián. L'enfant était considéré innocent. Il était « séquestré » à Miami.

L'exil avait pris fait et cause pour la permanence de l'enfant en territoire américain, tout en sachant que la bataille risquait d'être perdue. La famille adoptive comptait sur l'opinion publique, n'hésitant pas, par moments, à manipuler les images et les dires du petit rescapé. Les caméras le filmaient en train de jouer dans le jardin de la maison familiale, en visite à Disneyworld ou bien encore assis sur son lit, demandant à son père de venir le voir mais de ne pas le ramener à Cuba. Pour l'exil, Elián était devenu, bien malgré lui, le symbole de la rédemption.

Cependant, les autorités américaines, qui n'avaient guère envie d'en arriver à une confrontation avec Castro autour d'un sujet aussi glissant, ne l'entendaient pas ainsi. L'Attorney General, Janet Reno, avait adopté la position de renvoyer l'enfant à Cuba. Après de nombreuses batailles juridiques, de cours fédérales en cours d'appel, la décision était prise : Elián retournerait à Cuba avec son père, venu l'attendre à la Section des intérêts cubains à Washington. Ce qui était annoncé finit par se produire. À l'aube du 22 avril 2000, un groupe de soldats fédéraux prit d'assaut la maison de la famille adoptive d'Elián à Miami et embarqua de force l'enfant, direction Washington, auprès de son père. Une photo fut alors publiée à la une des journaux du monde entier : celle d'un soldat américain braquant son fusil sur un homme tenant Elián dans ses bras : c'était l'un des pêcheurs qui avaient sauvé l'enfant des eaux. L'expression de terreur de l'enfant démontrait que, dans toute cette histoire, les questions humanitaires et juridiques n'avaient joué qu'un rôle secondaire, au profit d'un rapprochement diplomatique provisoire entre le gouvernement cubain et l'administration Clinton. Au sein de celle-ci, l'une des seules personnalités importantes à avoir manifesté le souhait de voir Elián rester aux États-Unis fut Al Gore, le futur candidat démocrate, qui savait pertinemment que l'élection du nouveau président américain, au cours de laquelle il affronterait le républicain George W. Bush, se jouerait en Floride, où le poids de la communauté cubano-américaine était important.

Parmi les facteurs qui provoquèrent la défaite d'Al Gore, il y en eut un déterminant : la moitié des votants d'origine cubaine qui avaient assuré la victoire de Bill Clinton en 1996 en Floride reportèrent cette fois leurs voix sur le candidat républicain. L'exil avait prévenu : il emploierait l'arme des urnes en cas de retour forcé de l'enfant à Cuba. Cet exil divisé, maladroit et manipulateur, mais qui voyait, à juste titre, l'enlèvement de l'enfant comme un coup porté aux aspirations à la liberté de tous les fugitifs cubains, avait perdu cette bataille contre Fidel Castro. Celui-ci, dès lors, n'a jamais manqué une occasion de faire apparaître Elián, de retour dans l'île, à ses côtés, en uniforme de « pionnier », glorifiant l'œuvre de la révolution et enterrant du même coup la volonté de sa mère.

L'« affaire Elián » n'était que la partie émergée de l'iceberg d'une fuite éperdue et permanente dans les eaux du détroit de la Floride et ailleurs. Depuis le début de la révolution, par vagues successives, les Cubains se sont jetés à la mer par désespoir, pour échapper à un paradis qui n'était réservé qu'à ceux qui, par conviction ou par calcul, adhéraient entièrement aux principes idéologiques du régime. Les autres n'avaient qu'à abandonner leur patrie, définitivement.

Les premiers à partir, dans le sillage de Batista qui s'était enfui précipitamment dans la nuit du 31 décembre 1958 au 1er janvier 1959, croyaient sans doute pouvoir rentrer dans l'île une fois le cyclone passé, afin de retrouver leur terre natale et récupérer leurs propriétés confisquées par le nouveau pouvoir. Mais il y eut aussi des enfants envoyés seuls aux États-Unis par des parents inquiets devant l'évolution du régime, dans le cadre de l'opération appelée « Peter Pan ». Placés la plupart du temps dans des institutions caritatives, nombre d'entre eux se retrouvaient de fait orphelins. Jamais ils ne reverraient leurs parents, coincés pour toujours dans l'île. Aux yeux du castrisme et d'une bonne partie du monde, tous – propriétaires terriens, bourgeois ou simples citoyens – devenaient des « vers de terre », ou bien des « apatrides » anticubains. Cependant, la base sociale des fugitifs augmenta dans des proportions considérables au cours des années suivantes.

Au milieu des années soixante fut établi un pont maritime entre le port de Camarioca, à l'est de la capitale, et la Floride, puis se succédèrent les « vols de la liberté », qui permirent à des dizaines de milliers de personnes d'abandonner leur pays pour faire de Miami la deuxième ville cubaine au monde. Mais par périodes, Fidel Castro fermait hermétiquement les frontières, obligeant quiconque avait osé présenter une demande d'émigration à participer pendant des mois ou des années aux travaux du tunnel de La Havane, ou à la récolte de canne à sucre, la *zafra*. Aussi les départs clandestins continuèrent-ils à se développer.

Une fois partis, les exilés ne pouvaient plus rentrer dans l'île, même pour rendre visite aux leurs. En 1978, sous la présidence de Jimmy Carter, qui avait placé son mandat sous le signe de la défense des droits de l'homme en Amérique latine et d'une possible ouverture envers Cuba, quelque chose de nouveau, une petite lueur d'espoir, se produisit. De jeunes Cubains, principalement en provenance des États-Unis mais aussi de Porto Rico, du Mexique ou d'Espagne, se portèrent volontaires pour travailler quelques jours dans la construction afin de pouvoir ainsi visiter l'île, leurs anciennes maisons et les membres de leur famille. Ils amenaient avec eux leurs illusions et aussi un souffle d'air frais, un vent de liberté. Aussitôt après se mit en place un « dialogue » entre Castro et les *gusanos*, les « vers de terre » devenus, du jour au lendemain, *mariposas*, des « papillons » ou, plus officiellement, la « communauté cubaine de l'extérieur ». Une porte de communication avec l'exil était désormais entrouverte. Les Cubains de l'intérieur l'enfoncèrent de toutes leurs forces, avec au ventre la rage de fuir.

Le « dialogue » avait abouti à un semblant d'amnistie, à savoir la libération de quelques dizaines de prisonniers politiques qui avaient purgé la quasi-totalité de leur peine, après avoir, pour la plupart d'entre eux, passé près de vingt ans derrière les barreaux. Une fois hors de prison, ils étaient autorisés à partir à l'étranger avec les membres les plus proches de leur famille. L'on assista alors à une véritable chasse amoureuse à l'ex-prisonnier : des filles de vingt, vingt-cinq ou trente ans déclaraient soudainement leur flamme à ces hommes brisés par les années et les conditions d'incarcération avec, pour seul objectif, de se marier avec eux et de partir n'importe où.

Et puis, au printemps 1980, ce fut la ruée la plus spectaculaire de tous les temps. Un autobus avec, à son bord, des candidats à l'asile politique, enfonça les grilles de l'ambassade du Pérou. Au cours d'un échange de tirs, un policier en faction devant la représentation diplomatique fut tué. Castro décida alors de « retirer la garde » devant l'ambassade. Aussitôt, plus de dix mille Cubains, jeunes dans leur grande majorité, s'engouffrèrent a l'intérieur des jardins, sans aucun bagage. Les gens accouraient de partout pour tenter d'y pénétrer. Le quartier diplomatique de Miramar fut bouclé pour empêcher un nouvel afflux de réfugiés. Le régime, petit à petit, organisait sa riposte. Les manifestations du « peuple combattant » se succédèrent, ainsi que les *mítines de repudio* (les « meetings de répudiation ») contre ceux qui étaient autorisés à quitter l'ambassade afin de se ravitailler et contre tous ceux qui, dans leur sillage, demandaient à partir. Ceux-là étaient insultés, frappés ; leurs domiciles étaient bombardés à coups d'œufs, de tomates ou de pierres, par des foules « en colère » contre ceux qui étaient traités de « scories », de « délinquants », de « faibles », d'« indécis », de « lumpen » et autres qualificatifs tout aussi amènes. Mais la pression devenait trop forte. Il fallait trouver une soupape d'échappement.

Le port de Mariel, situé à l'ouest de la capitale, fut aménagé afin de permettre le départ pour la Floride de près de cent vingt-cinq mille personnes, après un transit par le camp de Mosquito, où les mauvais traitements et les humiliations furent monnaie courante. Des centaines d'embarcations, affrétées par les exilés, se rendaient jusqu'à Mariel pour y recueillir les fugitifs. Des bateaux chargés à ras bord traversaient les quatre-vingt-dix *miles* séparant l'île de Key West, le point le plus au sud des États-Unis. La plupart des fugitifs, des jeunes en rupture de ban, avaient été élevés dans le carcan de la propagande castriste. Castro avait aussi profité du mouvement pour remplir les bateaux de prisonniers de droit commun et de malades mentaux, dont il souhaitait se débarrasser. Cela créa une certaine tension en Floride avec les autorités américaines et avec les exilés les plus anciens, dont beaucoup se méfiaient de ces nouveaux arrivants qui n'avaient guère de goût pour le travail ni pour les coutumes raffinées d'avant la révolution. Ils furent surnommés les *marielitos*, une dénomination qui devint vite synonyme de délinquants.

Mais parmi eux se trouvaient aussi bon nombre de gens bien formés, des professeurs, des médecins, et même des militaires, ainsi que des membres du Parti ou de la Jeunesse communiste, et beaucoup d'écrivains et de poètes. Le plus emblématique d'entre eux, Reinaldo Arenas, avait été persécuté pendant de longues années à cause de son homosexualité et parce qu'il avait osé faire publier ses livres à l'étranger, essentiellement en France. Il avait été envoyé dans des camps de travail, puis en prison, ses manuscrits avaient été confisqués et il avait dû, comme tant d'autres, rédiger son « autocritique ». Une fois en exil, atteint du sida, il devint, jusqu'à son suicide à New York en 1990, l'un des porte-parole les plus fermes de l'opposition et des homosexuels réprimés. Après sa mort, il acquit, dans l'île et en exil, la stature d'un symbole de la liberté.

À ce rythme-là, il n'allait bientôt rester plus personne à Cuba. Lorsque la situation se fut quelque peu calmée, Castro décida brusquement de fermer le pont maritime de Mariel. Ceux qui n'avaient pu partir devraient se lancer, individuellement ou avec leur famille, à la mer, ou bien attendre une nouvelle occasion. Celle-ci ne se présenta qu'en 1994.

Cette année-là vit culminer un mouvement entamé dès le début des années quatre-vingt-dix avec l'instauration de la « période spéciale » et la pénurie généralisée qui s'ensuivit. Poussés par le désespoir, en l'absence de toute perspective d'ouverture démocratique et d'amélioration économique, des centaines de candidats à l'exil se mirent à construire de fragiles embarcations faites de pneus de camions et de bouts de bois, les *balsas*. Les autorités se montraient incapables d'endiguer le flot des *balseros* qui ne se cachaient même plus pour préparer leur fuite. Les *balsas*, cependant, ne pouvaient transporter qu'un nombre limité de personnes. Alors les fugitifs entreprirent de détourner des bateaux plus grands et plus solides. Le 13 juillet, près de soixante-dix personnes séquestrèrent le remorqueur *13 de Marzo* dans la baie de La Havane. Mais les garde-côtes cubains se lancèrent à leur poursuite. À coups de lances à eau et de chocs portés à la coque du remorqueur par les navires militaires, ils réussirent à faire tomber dans la mer des dizaines de personnes. Bilan : trente-deux noyés, dont vingt enfants. Personne au sein du régime n'assuma jamais la responsabilité de ce crime collectif.

Cependant, le flot des *balseros* et les tentatives de détournement continuaient de plus belle. À plusieurs reprises, les *lanchitas* de *Regla* et de *Casablanca*, de petits bateaux qui relient les deux rives de la baie de La Havane, furent l'objet de tentatives réussies de détournement, à la suite de quoi le régime envoya des hommes de main organisés au sein des Brigades de réaction rapide (BRR) pour tenter de contenir l'hémorragie humaine. Le 5 août, des milliers de candidats à l'exil se répandirent dans les rues de la Vieille Havane et sur le Malecón en détruisant les vitrines sur leur passage et, surtout, en criant des slogans contre le régime et –

chose jusque-là inimaginable – contre Fidel Castro en personne. Ce fut la manifestation d'opposition la plus importante depuis l'instauration du pouvoir révolutionnaire. Lorsque tout fut terminé, le Líder Máximo se rendit sur le lieu des événements pour affirmer sa détermination à réprimer toute tentative de soulèvement. Il n'y eut plus de révolte de cette nature, mais la fuite, seule modalité d'opposition radicale du peuple cubain depuis des lustres, continua.

Face à cette ruée vers la liberté, l'administration Clinton décida de fermer ses frontières. Pour les fugitifs ainsi que pour l'exil, c'était une trahison : le Cuban Adjustment Act qui, depuis 1966, permettait de considérer tout Cubain fuyant son île comme réfugié, était de fait mis en sourdine. La plupart des *balseros* interceptés en pleine mer furent systématiquement renvoyés sur la base navale américaine de Guantanamo, située en territoire cubain, ou dans la zone militaire du canal de Panamá, à cette époque encore sous contrôle américain, en attendant de statuer sur leur sort. D'autres furent remis directement entre les mains des autorités cubaines.

Au total, près de vingt-sept mille *balseros* réussirent à quitter Cuba et à arriver à bon port au cours de l'été 1994. Combien d'autres disparurent en mer ? Nul ne le sait. Depuis 1959, le détroit de la Floride s'est transformé en un gigantesque cimetière marin pour les Cubains (il l'est aussi pour d'autres fugitifs des Caraïbes, notamment pour les Haïtiens et les Dominicains qui rêvent depuis toujours de gagner ce qui est, à leurs yeux, la terre de la prospérité). Comme toujours, le régime castriste entendait transformer, grâce à ses moyens de propagande, cet énième désaveu massif de sa politique en victoire. C'est pourquoi, au cours de l'automne, une fois bloqué le flot des fugitifs, ses négociateurs réussirent à imposer à une administration Clinton timorée et obsédée par l'éventualité d'un nouvel exode, la conclusion de nouveaux accords migratoires. Les *balseros* seraient désormais renvoyés dans l'île s'ils étaient interceptés en mer ou s'ils n'arrivaient pas à poser le pied sur la terre ferme. Par la suite, on assista à des scènes tragi-comiques, filmées par les caméras de télévision : des policiers américains tentant d'empêcher un nouvel arrivant d'atteindre la plage, alors qu'il ne s'en trouvait qu'à quelques mètres. En revanche, les États-Unis s'engageaient à délivrer vingt mille visas par an à des Cubains désireux d'abandonner leur pays, tirés au sort par le biais d'une loterie, le *bombo.* Des centaines de milliers de personnes s'y inscrivirent immédiatement en se rendant auprès de la Section des intérêts américains. Ainsi, les fugitifs ont cessé d'être considérés comme des combattants de la liberté pour devenir de simples réfugiés économiques.

Pourtant, par tous les moyens, les Cubains continuent à tenter leur chance, surtout les jeunes pour qui l'avenir dans l'île se résume à la formule *No future.* Il n'y a pas que les *balsas* ni les États-Unis comme destination d'asile. Le mariage avec un étranger ou une étrangère est l'une des solutions pour pouvoir quitter le pays. D'autres se font envoyer des « lettres d'invitation » qu'il faut payer très cher, par des amis ou des connaissances à l'extérieur. D'autres encore profitent d'une escale à Madrid ou à Paris, à l'occasion d'une « mission internationaliste », pour demander l'asile politique. Il y a aussi ceux qui, au péril de leur vie, réussissent à se cacher dans le conteneur d'un avion en partance pour la France ou ceux que l'on retrouve morts dans le train d'atterrissage d'autres avions, dans les aéroports de Mexico ou de Londres. En avril 2003, après une vague massive d'arrestations de dissidents qui provoqua la protestation de la communauté internationale, trois jeunes gens, qui avaient tenté de détourner – par la force mais sans provoquer de victimes – un petit navire assurant la liaison entre les deux rives de la baie de La Havane, furent condamnés à mort et immédiatement exécutés. Malgré cet avertissement sanglant des autorités, l'exode continue. Il y en a même qui transforment leur camion en navire flottant pour tenter de traverser le détroit de la Floride. Il y a en somme mille et une manières de fuir. Des colonies d'exilés cubains se sont créées, en dehors de Miami, dans le New Jersey, à Porto Rico, au Venezuela, en Espagne, au Canada, en France, en Suède, en Italie, en Australie... On estime à plus de deux millions le nombre d'exilés, à bien davantage si l'on y ajoute leurs enfants nés à l'étranger. En quarante-cinq ans de castrisme, le peuple cubain est devenu un peuple errant.

9

De la musique entendue comme arme de propagande

À trois jours d'intervalle, le 13 et le 16 juillet 2003, disparaissaient, l'un à La Havane, l'autre aux États-Unis, deux figures emblématiques de la musique cubaine : Compay Segundo et Celia Cruz. Le premier avait près de quatre-vingt-quinze ans, la seconde soixante-dix-huit. L'un et l'autre étaient unis par les rythmes de leur île natale. Pour les nombreux amateurs de *son*, de *guaracha* ou de *rumba* à travers le monde, ils apparaissaient, chacun avec ses particularités, comme deux des plus grands interprètes de *salsa*. À Cuba, le compositeur-interprète engagé de la *nueva trova*, Silvio Rodríguez, les réunissait tous deux dans un même hommage, en déclarant : « Je suppose qu'ils doivent être à présent là-haut sur un nuage, en train de passer un bon moment, Compay jouant et Celia chantant. »

Cette vision œcuménique, quasiment idyllique, réunissant dans un même requiem un musicien officiel et une chanteuse exilée, pouvait répondre aux souhaits de certains artistes et des admirateurs de l'un et de l'autre, mais en aucun cas aux valeurs des autorités cubaines ni aux sentiments profonds de l'exil. Compay Segundo et Celia Cruz vivaient, en effet, sur deux planètes différentes. Tandis que le premier eut droit à des funérailles officielles dans sa ville natale, Santiago de Cuba, en présence de quelques centaines de personnes, avec son cercueil porté sur les épaules par des soldats marchant au pas de l'oie, la mort de la seconde ne fut mentionnée que dans un texte de sept lignes publié dans le journal officiel du Parti, *Granma*. L'auteur anonyme de la minuscule notice nécrologique, tout en reconnaissant qu'il s'agissait d'une « importante interprète cubaine qui a popularisé la musique de notre pays aux États-Unis, ajoutait aussitôt : au cours des quatre dernières décennies elle a été systématiquement active dans les campagnes générées aux États-Unis contre la révolution cubaine, c'est pourquoi elle a été utilisée comme une icône par l'enclave contre-révolutionnaire du sud de la Floride ». Deux symboles radicalement opposés, donc, séparés depuis les débuts de la révolution par des conceptions de l'art aux antipodes l'une de l'autre. La dépouille mortelle de Celia Cruz fut exposée pendant trois jours à Miami, devant une foule éplorée, à l'endroit où, au cours des années soixante, les Cubains exilés devaient remplir les premières formalités en territoire américain, baptisé depuis la « Tour de la Liberté », recouverte pour l'occasion d'un immense drapeau cubain. À New York, le cortège funèbre qui l'accompagna ensuite jusqu'à sa dernière demeure fut lui aussi suivi par des dizaines de milliers de personnes, pas seulement des Cubains. À l'absence d'hommage officiel se substituait, spontanément, la ferveur populaire d'une grande partie de la communauté hispanique aux États-Unis.

De toute évidence, la musique acquérait, en ces circonstances funèbres, une connotation éminemment politique. Celia Cruz était, depuis les années cinquante, la *guarachera de Cuba*. Chanteuse du groupe La Sonora Matancera, elle avait profité, en 1960, d'une tournée de son orchestre au Mexique pour quitter définitivement l'île. Le régime castriste lui ayant refusé, par la suite, une autorisation pour se rendre à l'enterrement de sa mère, elle ne cessa de proclamer qu'elle ne retournerait pas dans l'île tant que Fidel Castro y serait au pouvoir. D'une impressionnante vitalité, elle savait alterner les rythmes endiablés de la *Bemba colorá* – dont le refrain était repris en chœur par l'ensemble du public tandis qu'elle continuait à improviser –, et les morceaux qui disaient la douleur de la perte de l'île, comme *Cuando salí de Cuba*, en quelque sorte l'hymne nostalgique de l'ensemble des exilés. Il fallait voir cette immense dame noire, coiffée de perruques les plus extravagantes, répondre à chacune des sollicitudes de son public, dans de petites salles ou sur d'immenses scènes, pour comprendre la simplicité, la gentillesse, l'absence de vanité de cette reine de l'exil, qui voulait devenir institutrice avant de chanter avec les plus grands orchestres de musique cubaine et de Latin jazz. Comme tant d'autres, jamais elle ne put retourner à Cuba. Mais sa mort fut probablement sa plus grande victoire, l'affirmation de la survie de toute une communauté en diaspora qui lavait ainsi l'affront de la déroute subie au cours de l'« affaire Elián ».

Compay Segundo, pour sa part, n'était qu'un illustre inconnu à Cuba et à l'étranger lorsque, à un âge déjà considérablement avancé, il fut propulsé sur la scène internationale par la grâce du guitariste américain Ry Cooder, relayé par le cinéaste allemand Wim Wenders. Francisco Repilado (c'était son vrai nom) n'avait joué dans la musique cubaine qu'un rôle secondaire, accompagnant des monstres sacrés comme Beny Moré, le *bárbaro del ritmo*, mort à Cuba au début des années soixante, ou Antonio Machín, mort en exil en Espagne. Puis il était retourné dans l'ombre, vivotant sous la révolution dans la misère, exerçant les métiers les plus divers, particulièrement dans des fabriques de tabac. Le miracle de la résurrection vint de l'extérieur. À partir de 1995, Compay et d'autres vénérables musiciens et chanteurs, comme Rubén González, décédé en décembre 2003, Omara Portuondo et quelques autres devinrent les personnages d'un véritable conte de fées.

Après le disque *Buena Vista Social Club*, le film éponyme connut un succès fulgurant. Compay Segundo y interprétait notamment *Chan Chan*, un morceau simple et répétitif rehaussé par les arrangements de Cooder. Le concert de l'ensemble à New York, filmé par Wenders après quelques incursions impressionnistes dans les quartiers populaires délabrés de La Havane, signifia la consécration soudaine et parfaitement inattendue de Compay qui, du coup, devint le meilleur produit d'exportation du castrisme. Le chanteur se gardait bien d'émettre la moindre critique à l'égard du régime, préférant parler, lors de ses entretiens avec les journalistes, de cigares, de rhum et de femmes : les ingrédients nécessaires à une vie sans complications. Ce fut le propagandiste tardif d'un système vieillissant, qui préférait faire oublier sa propre politique pour donner à voir l'aspect le plus gai, le plus festif, de sa population. Il fut récompensé comme il se devait. Il put enfin quitter son quartier en ruine pour une luxueuse maison à Miramar, l'une des zones les moins mal conservées de La Havane.

Le message délivré à l'étranger par Compay Segundo et ses compères de *Buena Vista Social Club*, sortis de la retraite et de l'oubli, se devait d'être lumineux, bien que non dénué de contradictions : la révolution cubaine continuait à chanter et à danser comme au premier jour, malgré des temps difficiles d'isolement sur le plan international et de privations internes dramatiques. Il est vrai que ces artistes avaient dû s'employer à survivre par tous les moyens mais, en fin de compte, leur flamme n'avait pas faibli et ils étaient toujours disposés à emporter avec eux le drapeau de la patrie partout dans le monde en le brandissant devant leur public, comme à la fin de leur grand concert à New York. Les images de quartiers de La Havane à l'abandon, avec toujours de belles américaines des années cinquante garées çà et là, parfois au milieu de la rue, ne faisaient qu'ajouter au sentiment de « dignité », malgré la pauvreté.

La musique, la danse, la fête : voilà qui constituait l'instrument de propagande le plus constant du castrisme au cours de ses longues années au pouvoir. Cela a marché au-delà de toute espérance. Au nom de la fête, on pouvait tout pardonner, même, et surtout, les plus graves des crimes. C'est ce que *Buena Vista Social Club* a réussi à perpétuer.

Car il y a toujours eu un énorme malentendu autour de l'idéologie de la révolution. Les textes les plus dogmatiques, les plus radicalement empreints d'idéologie communiste, donnaient l'impression, du fait d'une interprétation complaisante, d'être des manifestations libertaires. Pas seulement à l'étranger. Au sein de l'île, certains artistes crurent pouvoir s'engouffrer dans les nombreuses ambiguïtés des consignes officielles, un jour parfaitement orthodoxes, le lendemain plus ouvertes, pour pouvoir délivrer leur propre vision du monde, à la fois intimiste et rebelle. Le domaine musical fut un laboratoire d'expériences, allant de la forme la plus traditionnelle adaptée aux besoins de la révolution jusqu'à des formes de *protest song* que le régime eut plus de mal à intégrer, du fait de la complexité des textes et de l'interprétation qu'en fournissait la jeunesse de l'île.

C'est ainsi qu'au milieu des années soixante surgit la *nueva trova*, en rupture de ban avec la *vieja trova*, porte-drapeau du *son* traditionnel, considérée plus sclérosée mais qui allait connaître son spectaculaire *come back* dans les années quatre-vingt-dix, au cours de la « période spéciale ». En attendant, les principaux troubadours d'un nouveau style, particulièrement Silvio Rodríguez et Pablo Milanés, insufflèrent un semblant de liberté à une partie de la jeunesse grâce à des textes poétiques d'une extraordinaire complexité, servis par des mélodies s'inspirant des Beatles – totalement bannis des ondes à cause de la « pénétration idéologique » que leurs chansons pouvaient provoquer –, ou de Bob Dylan. Ils s'employèrent à contourner la censure en utilisant des expressions à sens multiples, un art où les Cubains (comme d'autres peuples soumis au joug de longues dictatures, tels les Espagnols sous le franquisme ou ceux des pays de l'Est sous la domination soviétique) sont passés maîtres. Ainsi, sous le couvert d'une belle chanson d'amour, intitulée *Ojalá* (« Pourvu que »), Silvio Rodríguez signait une féroce critique de la permanence au pouvoir du Líder Máximo :

« Ojalá pase algo que te borre de pronto
Una luz cegadora, un disparo de nieve
Ojalá por lo menos que me lleve la muerte
Para no verte tanto, para no verte siempre
En todos los segundos, en todas las visiones
Ojalá que no pueda tocarte ni en canciones. »

« Pourvu qu'il arrive quelque chose qui t'efface d'un coup
Une lumière aveuglante, une détonation de neige
Pourvu du moins que la mort m'emporte

Pour ne plus te voir tellement, pour ne plus te voir à tout instant
À chaque seconde, dans chacune de mes visions
Pourvu que je ne puisse même plus te jouer dans mes chansons. »

Une partie non conformiste de la jeunesse adopta cette chanson comme un murmure de ralliement. Les disques de Silvio Rodríguez furent pendant longtemps interdits à la radio. Pablo Milanés, pour sa part, effectua un séjour dans l'un de ces camps de travail pour « déviants » de toutes sortes. Mais les autorités comprirent bientôt le parti qu'elles pouvaient tirer de ces chansons poétiques, dans la mesure où, en Amérique latine et en Espagne, peu au fait des réalités internes de l'île, elles étaient interprétées tout autrement, d'autant que les nouveaux troubadours, pour ne pas s'attirer les foudres des censeurs, prenaient bien soin de glisser dans leurs concerts des morceaux à la gloire de la révolution. Il faut ici souligner la capacité de récupération des instances culturelles du castrisme. La *nueva trova* – et ses interprètes – devint, par la suite, l'une des ambassades les plus efficaces du régime castriste. Pablo Milanés proclamait sa résolution de ne pas prendre le chemin de l'exil, comme tant de ses compatriotes, en 1980, tandis que Silvio Rodríguez signait, avec bien d'autres, un texte d'appui à la répression menée contre les dissidents au printemps 2003. L'esprit de révolte de ces troubadours avait fait son temps.

Quoi qu'il en soit, l'image de la révolution s'est toujours confondue avec celle de la musique, surgie du tréfonds de l'identité cubaine. À l'étranger, il était difficile de comprendre comment un peuple opprimé pouvait chanter et danser en donnant l'impression d'une fête perpétuelle. Pourtant, ces défoulements, ces transes collectives, constituaient déjà la principale forme d'expression des esclaves noirs auxquels on concédait les quelques jours que durait le carnaval pour se libérer momentanément de leur condition. Autrement dit, le chant et la danse n'étaient nullement une création de la révolution. Mais les autorités culturelles du régime surent utiliser ces manifestations populaires, si éloignées des modèles communistes en vigueur, pour rallier une sympathie grandissante bien au-delà des frontières de l'île. En effet, derrière le chant et la danse, qui avait vraiment envie d'entendre les cris des suppliciés ?

Bienvenue au Jermyn'Street Bar

[illegible] David C

Tbl 13/1 Chk 1467 Gst 1

[illegible] 05Jan'06 20:[illegible]

1 Mojito [illegible]

A Payer EUR [illegible]

Decouvrez [illegible]

[illegible]

d'affaires

Room Number ....

Name ....

Signature ....

Meridien Bruxelles Hotel [illegible]

HRB/RCB 542.937

BTW/TVA BE 442.[illegible]

Bienvenue au Jermyn Street Bar

10

La résistance quotidienne à l'oppression [1]

Un pouvoir totalitaire ne s'écroule pas tout seul. Ses adversaires politiques doivent avoir créé une brèche permettant leur propre organisation et l'élaboration de propositions alternatives. Face à la volonté du régime communiste de tout contrôler, le Mouvement pour les droits de l'homme n'a réussi à construire un espace autonome à l'intérieur de l'île que depuis 1976. C'est alors qu'avec seulement trois membres, le Comité cubain pour les droits de l'homme, le CCPDH, a commencé à défier le régime à visage découvert.

La désobéissance civile et la résistance pacifique à l'intérieur du territoire cubain ne reçurent pour seule réponse, de la part du gouvernement, que la prison, et les traitements cruels et dégradants infligés aux fondateurs du

1. Ce chapitre, sorti clandestinement de Cuba, a été écrit par le journaliste indépendant Jésus Zúñiga et traduit par Jacobo Machover *(N. d. É.)*.

Comité. Cependant, Castro ne put empêcher l'extension des initiatives qu'ils prônaient d'un bout à l'autre de l'île.

Au cours des années quatre-vingt, des dizaines d'organisations, avec des programmes et des intérêts différents, mais unies par la revendication du droit de penser librement, ont vu le jour : le Courant socialiste démocratique (CSD), la Commission cubaine pour les droits de l'homme et la réconciliation nationale (CCDHRN), le Parti de la solidarité démocratique (PSD), le Parti pour les droits de l'homme de Cuba (PPDHC), le Mouvement pour les droits de l'homme 24 février (MPOH 24-2), l'Association des économistes indépendants, l'Association pour un art libre (APAL), le Courant des avocats indépendants, le groupe Critère alternatif et le Mouvement écologiste et pacifiste Naturpaz, et d'autres encore. Bien sûr, Castro a essayé d'étouffer dans l'œuf ces associations qui, au prix de centaines de prisonniers politiques, sont parvenues à conquérir un espace pour la dissidence au sein de la société.

Au cours de ces dernières années, le nombre de groupes d'opposition s'est élevé à plusieurs centaines et leurs voix résonnent désormais partout à Cuba. Cette croissance a marqué un changement de cap au sein de la société civile.

Face a cela, le régime a mis en place une répression démesurée, en s'en prenant d'abord à Concilio cubano, une alliance de près de deux cent cinquante organisations qui proposait une transition pacifique, en 1994; puis en faisant arrêter les principaux dirigeants de la junte d'opposition pacifique interne de Cuba, emprisonnés sans acte d'accusation ni procès depuis février 2002; ensuite en proclamant, à l'automne 2002, le caractère « irrévocable » du socialisme au moyen d'un « référendum populaire » organisé à la va-vite en réponse au projet Varela, un texte soutenu par plus de onze mille signatures, qui prône un changement pacifique en s'appuyant sur la Constitution socialiste de 1976; enfin en recourant à l'arrestation, au printemps 2003, de soixante-quinze dissidents, condamnés au cours de procès sommaires et sans la moindre garantie judiciaire à des peines allant jusqu'à vingt-sept ans d'emprisonnement. Tout cela met en évidence la manière dont le gouvernement accueille les demandes en faveur d'un changement démocratique.

Parmi les dirigeants et les militants contestataires il existe une grande diversité d'opinions sur les réformes à mener. Mais tous sont unis autour d'un objectif fondamental : que le peuple cubain soit de nouveau maître de son destin. Les buts qui les rassemblent sont les suivants : transformer la société sans recourir à la violence ; mettre en place un système politique qui représente les citoyens ; en finir avec le poids de la planification centrale ; créer une société qui s'appuie sur un État de droit et non pas sur l'arbitraire. Tous sont fatigués de constater que la notion même de souveraineté repose entre les mains d'une seule et même personne.

De nombreuses organisations indépendantes ont ainsi vu le jour. Elles sont l'embryon d'une véritable société civile. Des associations de journalistes indépendants, de bibliothécaires indépendants, ainsi que des organisations syndicales se sont créées. Elles réunissent un nombre relativement limité d'adhérents mais là où, dans les années quatre-vingt-dix, il n'y avait que quelques centaines d'activistes, on en compte à présent plusieurs milliers.

L'apparition d'un journalisme affranchi du pouvoir a produit une fissure irréparable à l'intérieur du régime communiste, monolithique et obsolète. C'est là le fondement autour duquel se construit une nouvelle société. Il ne provoquera peut-être pas la chute du castrisme mais il sert d'accélérateur pour le changement. Le travail de ces journalistes est rapidement parvenu à maturité. Leur crédibilité internationale a été renforcée par la reconnaissance d'organisations internationales telles que Reporters sans frontières, la Société interaméricaine de presse, le Comité de protection des journalistes et l'Association mondiale des éditeurs de journaux.

Les quelques voix qui clamaient dans le désert en 1995, téléphonant ou envoyant leurs informations par fax à des contacts établis à l'extérieur, par exemple *Cubanet*, *Cuba Free Press*, *Carta de Cuba*, *Nueva Prensa Cubana*, se sont multipliées par la suite. Elles ont construit des dizaines d'agences de presse indépendantes et, plus tard, des associations comme la Fédération de journalistes cubains, l'Association de journalistes Manuel Márquez Sterling ou bien encore la Fondation de journalistes indépendants associés. Elles ont réussi à publier dans des journaux et des périodiques à l'étranger ainsi que sur Internet, parvenant même à éditer une revue, vite réduite au silence, à l'intérieur de Cuba.

Après les procès du printemps 2003, dans lesquels furent impliqués, entre autres, vingt-six journalistes indépendants, les personnes qui fournissent des informations à leurs confrères encore en liberté sont de plus en plus nombreuses. Les Cubains de la rue ressentent une nécessité vitale d'agir et de collaborer avec les dissidents. Après des décennies de terreur gouvernementale, on peut constater une énorme volonté de changement, un profond désir de voir se produire une transition démocratique.

Le mouvement des bibliothécaires indépendants est devenu, lui aussi, l'un des éléments les plus significatifs dans cet embryon de société civile. L'idée est née en 1998, le jour où Fidel Castro a déclaré, lors de la Foire internationale du livre de La Havane, qu'il n'y avait pas de livres interdits à Cuba, mais que les fonds manquaient pour en acheter certains, ajoutant qu'on pouvait publier dans le pays tout ce qu'on voulait.

Des hommes et des femmes ont pris ce message au pied de la lettre, ouvrant dans leurs propres appartements des bibliothèques et mettant leurs propres livres à la disposition de leurs voisins. Certaines d'entre elles tiennent sur une étagère. D'autres possèdent des centaines de titres. Leurs animateurs se regroupent en associations afin de partager leurs fonds et leurs informations. Il existait, avant les arrestations et les derniers procès, près de deux cents bibliothèques de ce genre, réparties sur l'ensemble du pays.

Par ailleurs, les organisations professionnelles et les organisations syndicales indépendantes affichent un double objectif : d'une part, constituer une alternative aux organisations de masse qui sont censées représenter à la fois les dirigeants et les travailleurs ; d'autre part, dénoncer les graves violations au droit international du travail commises par le régime.

Après la vague de répression du printemps 2003, l'opposition pacifique s'est vue contrainte de réduire ses activités. En déclarant coupables des militants pour les droits de l'homme pour la simple raison qu'ils étaient des militants pour les droits de l'homme, des journalistes parce qu'ils voulaient être de vrais journalistes, des bibliothécaires pour avoir osé diffuser librement des livres, Fidel Castro a démontré qu'il était prêt à affronter la réprobation de la communauté internationale dans le seul but d'affirmer son pouvoir, démontrant ainsi, à ceux qui en douteraient encore, qu'il n'est qu'un dirigeant foncièrement totalitaire.

Les critiques internationales et la prise de conscience des difficultés que doit affronter le peuple cubain sous le régime castriste constituent un appui important pour ceux qui luttent pour l'instauration de la démocratie à Cuba. Mais la patience de la population est mise à rude épreuve. « C'est pas facile » : voilà le véritable mot d'ordre aujourd'hui. C'est le *mantra* cubain, qui a détrôné « La patrie ou la mort ! » et « Nous vaincrons ! » La population a appris à survivre par les moyens les plus divers. La

« double morale » oblige la majorité des Cubains à continuer à appuyer publiquement la révolution en même temps qu'elle mine les valeurs révolutionnaires par le développement de diverses activités privées. Si bien que les véritables héros de l'île sont les gens dont la préoccupation essentielle est de nourrir leur propre famille. Face à l'incapacité du gouvernement de leur fournir les moyens indispensables à leur survie, les Cubains ordinaires se voient obligés d'enfreindre les lois pour y parvenir, adoptant malgré eux une conduite antisociale, risquant ainsi de perdre devant les tribunaux le peu qui leur reste.

La jeunesse, pour sa part, ne croit plus au futur. Les jeunes de moins de vingt et un ans, arrêtés à la suite de délits « économiques », sont désignés comme « socialement dangereux » et « contre-révolutionnaires ». Quiconque est affublé de ces qualificatifs n'a plus aucun espoir de développement personnel et perd toute possibilité d'accéder aux études universitaires ou de trouver un emploi correctement rémunéré. Le seul salut est alors de quitter l'île.

L'économie est en pleine déliquescence et la population se demande, angoissée : « Que va-t-il se passer après le prochain repas ? » Un médecin ne gagne que vingt-cinq dollars par mois, deux fois moins qu'un agent de la

Sécurité de l'État. Cela démontre à l'évidence quelles sont les priorités du castrisme.

Pourtant, un certain nombre de Cubains regardent au-delà de la lutte pour la survie quotidienne et commencent à articuler une vision plus optimiste pour le futur. Ils voient dans les membres de l'opposition pacifique à l'intérieur de l'île des hommes et des femmes qui osent dire ouvertement ce que bien d'autres pensent. Peu à peu, ils se décident à appuyer leurs efforts.

Le gouvernement aimerait continuer à faire croire à l'opinion publique internationale que la population est toujours favorable à la préservation d'un État socialiste. Mais celle-ci, à bout de forces, dans un mélange d'espoir et d'anxiété, n'attend qu'un changement. Les autorités ont pris conscience de cette évolution dans l'esprit des citoyens et craignent, par-dessus tout, que le silence complice ne se transforme en un appui de plus en plus ouvert à ceux qui proposent une alternative.

Pendant trop longtemps, Castro est parvenu à occulter les problèmes de l'île derrière le voile de la défense de l'indépendance face aux États-Unis. Les réactions internationales à la vague de répression massive du printemps 2003 sont la preuve évidente qu'il ne peut plus tromper personne.

Le futur du peuple cubain est quotidiennement mis en péril du fait des pénibles expériences que lui impose un gouvernement qui place l'idéologie au-dessus de la réalité, la rhétorique au-dessus de la nourriture et le dogme au-dessus de la compassion. Mais l'espoir d'une transformation, de l'avènement d'un autre régime, existe toujours. Lorsque, tôt ou tard, cela se produira, il faudra déblayer les décombres, enterrer les fantômes du passé et tout recommencer. C'est le souhait le plus ardent des Cubains, ceux de l'île comme ceux de l'exil.

Conclusion

Après la visite du pape Jean-Paul II, en janvier 1998, le régime castriste parut vouloir obtempérer à son souhait, exprimé par ces mots : « Que Cuba s'ouvre au monde et que le monde s'ouvre à Cuba. » L'Église catholique avait fait l'objet d'une répression sans pitié au cours des premières années de la révolution. Les prêtres, pour la plupart espagnols, accusés d'avoir collaboré avec la dictature de Batista, furent rapidement expulsés et leurs écoles nationalisées, y compris celle des jésuites où Fidel Castro avait fait ses études primaires et secondaires. Leurs publications furent suspendues et certains prêtres arrêtés, tel le père Miguel Ángel Loredo, emprisonné pendant plus de dix ans pour avoir donné l'asile dans son couvent à l'auteur d'un détournement d'avion. L'actuel archevêque de La Havane, le cardinal Jaime Ortega, effectua lui-même un séjour dans un camp de travail. Au milieu des années quatre-vingt, Castro entreprit de normaliser ses relations avec les croyants, les autorisant même à devenir membres du Parti communiste, afin de se rapprocher des adeptes de la « théologie de la libération », très populaire en Amérique latine.

Jamais l'Église ne joua le rôle d'une véritable force d'opposition au régime. Son but proclamé était plutôt de combattre les différentes formes de syncrétisme afro-cubain à l'œuvre au sein de la majorité de la population – les autres confessions, notamment le judaïsme, ayant été réduites pratiquement à néant à cause de l'exil massif, dès les premières années, de la communauté juive. En 1998, seul l'archevêque de Santiago de Cuba, Mgr Pedro Meurice, osa prononcer une critique au régime d'une rare violence, en présence de Raúl Castro et du pape, au cours de la visite de celui-ci au sanctuaire de la Vierge de la Caridad del Cobre, patronne de Cuba. Les autres dignitaires chrétiens firent acte d'allégeance au régime, saluant à la fois le pape et Castro après l'homélie célébrée sur la place de la Révolution, sous le regard des portraits géants de Jésus-Christ et du Che Guevara. Cependant, nombreux sont les disciples de l'Église catholique qui s'opposent au pouvoir. Le plus important d'entre eux, Oswaldo Payá, dirigeant du Mouvement chrétien libération et prix Sakharov pour les droits de l'homme, est l'auteur du projet Varela. Cette pétition doit sa notoriété nationale et internationale à l'ancien président américain Jimmy Carter, qui en fit mention en direct à la télévision au cours de son séjour en 2002. Ses principaux promoteurs furent néanmoins arrêtés et condamnés à de lourdes peines au cours du « printemps noir » de 2003.

En 1998, quelques semaines après le départ de l'île du pape, quelques dizaines de prisonniers, pour la plupart de droit commun, avaient été libérés et envoyés immédiatement en exil. D'autres dignitaires étrangers avaient obtenu par le passé des gestes semblables de la part de Fidel Castro : entre autres le révérend Jesse Jackson, le commandant Jacques-Yves Cousteau et même, dans une moindre mesure, Danielle Mitterrand. Ces prisonniers ont toujours été utilisés comme monnaie d'échange afin d'obtenir un regard plus bienveillant à l'égard du Commandant en chef. Ainsi Castro pouvait-il passer pour un vieux sage plutôt que pour un tyran révolutionnaire implacable.

Et il y a partiellement réussi. Dans certains pays d'Amérique latine, en effet, des disciples de Fidel Castro et du Che Guevara ont pris le pouvoir par les urnes, sans coup férir, après avoir été, pour certains d'entre eux, des partisans de la

« critique des armes » (selon l'expression marxiste reprise, notamment, par Régis Debray). Hugo Chávez au Venezuela, Luis Inácio da Silva (Lula) au Brésil, Lucio Gutiérrez en Équateur, Néstor Kirschner en Argentine : la plupart ont été élus en réaction à des crises économiques et à des phénomènes de corruption massive qui ont miné les fondements de la démocratie représentative récemment restaurée dans l'ensemble du sous-continent latino-américain. Ils ont permis au régime castriste de sortir de l'isolement diplomatique auquel il avait été condamné à l'intérieur de sa zone d'influence géographique et culturelle depuis son exclusion de l'Organisation des États américains (OEA) en 1962. Bien sûr, ces chefs d'État ont cessé de croire depuis longtemps au communisme ainsi qu'aux vertus du régime castriste. Mais la rhétorique antiaméricaine du Líder Máximo les séduit toujours, d'autant qu'elle fait corps avec la mobilisation altermondialiste, qui n'est pas très regardante vis-à-vis des violations des droits de l'homme lorsqu'elles sont commises dans l'île toujours « rebelle » (du moins en paroles).

Fort de sa popularité internationale, sans cesse renouvelée malgré toutes les déceptions enregistrées et l'évidence de l'échec du modèle économique et social expérimenté sur l'île, Fidel Castro – et le peuple cubain avec lui – n'attend qu'une chose : sa mort. Il n'a pas su, ou pas voulu, organiser une transition vers un type de société moins anachronique, moins rivée à son destin personnel. Ce qu'il a réussi à faire, c'est battre tous les records de longévité au pouvoir. De cette façon, il est parvenu à éviter toute remise en question significative de sa politique, toute révolte massive et, finalement, toute révélation, tout procès, autour des crimes commis depuis le 1er janvier 1959, c'est-à-dire depuis l'instant même de son triomphe.

Le Commandant en chef a eu le mérite de la constance. La révolution n'a pas « dégénéré » à un moment précis de son histoire, ni après la mort du Che en 1967, ni avec le soutien à l'invasion soviétique en Tchécoslovaquie en 1968, ni par suite de l'« affaire Ochoa » en 1989, ni sous l'effet de la légalisation du dollar en 1993, ni du fait des arrestations massives de dissidents en 2003. En vérité, dès l'origine, le ver était dans le fruit. La révolution cubaine n'a jamais été un mouvement pur et généreux : elle fut une prise de pouvoir marquée du sceau de la revanche, avec la volonté de faire table rase et la détermination à se débarrasser, par tous les moyens, de quiconque s'opposerait au bouleversement général.

Le castrisme n'est pas seulement une variante *sui generis* du système communiste, ni le produit de la tyrannie mégalomaniaque d'un seul homme. C'est surtout le laboratoire d'un totalitarisme tropical, qui s'est maintenu si longtemps au pouvoir grâce à l'indulgence complice des intellectuels, des hommes politiques, des faiseurs d'opinion, de tous ceux qui n'ont jamais voulu voir ce qui se cachait derrière l'illusion romantique : la tragédie de tout un peuple.

Sources

La plupart des discours et écrits de Fidel Castro et Ernesto Che Guevara cités dans cet ouvrage sont extraits de *La Revolución cubana, 1953-1962* (Mexico, Era, 1972) et de *Obra revolucionaria* (Mexico, Era, 1968).

Les textes des journalistes indépendants cubains sont transmis à l'étranger par téléphone et diffusés pour la plupart par Cuba net : www.CubaNet.org.

Le poème de Raúl Rivero, condamné à vingt ans de prison le 20 mars 2003, a été publié en édition bilingue dans *Mandat de perquisition* (Paris, Al Dante, 2003).

En ce qui concerne les textes des débuts de la révolution, nous avons consulté le quotidien *Revolución*, organe du Mouvement du 26 juillet, conservé à la Bibliothèque de documentation internationale contemporaine (BDIC) de Nanterre.

Pour les extraits du « procès Ochoa », nous avons visionné ceux diffusés en 1989 par la télévision cubaine, dont les minutes ont été publiées dans le quotidien *Granma*, organe officiel du Parti communiste de Cuba. Philippe Clarence et l'auteur ont mené une enquête sur les véritables raisons du procès, publiée dans le mensuel *Globe* en novembre 1989.

Tous les textes, témoignages et poèmes, ont été traduits en français par l'auteur.

TROPISMES
Libraires
Galerie des Princes 11
1000 BRUXELLES Tél 00 32 2 5128852

1 CUBA TOTALITARISME TROP	14,00 E
1 LE DISCOURS DE LA HAINE	19,32 E
RED. 7,50E	7,50 E

Caisse : M 17:55:07
Tic. 146 du 5 1 05 Total 25,82 E
---------- (2 art.) ========
Reglement
en ESPECES EUR: 25,82 E

A Rendre: 14,18E
ESPECE (572,02F)

==
1 FRS. = 0,024789 EUR
TOTAL en FRS. 1041,58
==

MERCI DE VOTRE VISITE

Pour une lecture supplémentaire...

ALARCÓN RAMÍREZ, Dariel (Benigno), *Vie et mort de la révolution cubaine*, Paris, Fayard, 1996.

AMMAR, Alain, *Che Guevara, le Christ rouge*, Paris, Albin Michel, 2003.

ARENAS, Reinaldo, *Avant la nuit*, Paris, Julliard, 1991.

CABRERA INFANTE, Guillermo, *Mea Cuba*, Madrid, Plaza y Janés/Cambio 16, 1992.

CARPENTIER, Alejo, *Le Recours de la méthode*, Paris, Gallimard, 1975.

CASTAÑEDA, Jorge G., *La Vida en rojo. Una biografía del Che Guevara*, Madrid, Extra Alfaguara, 1997.

CLERC, Jean-Pierre, *Les Quatre Saisons de Fidel Castro*, Paris, Éd. du Seuil, 1996.

CUMERLATO, Corinne, ROUSSEAU Denis, *L'Île du docteur Castro ou la transition confisquée*, Paris, Stock, 2000.

DEBRAY, Régis, *Révolution dans la révolution? Lutte armée et lutte politique en Amérique latine*, Paris, Maspero, 1967.

– *La Critique des armes*, Paris, Éd. du Seuil, 1974.

DUMONT, René, *Cuba est-il socialiste?* Paris, Éd. du Seuil, 1970.

FERNÁNDEZ, Alina, *Fidel, mon père. Confessions de la fille rebelle de Castro*, Paris, Plon, 1998.

FOGEL, Jean-François, ROSENTHAL, Bertrand, *Fin de siècle à La Havane. Les secrets du pouvoir cubain*, Paris, Éd. du Seuil, 1993.

FRANCOS, Ania, *La Fête cubaine*, Paris, Julliard, 1962.

FRANQUI, Carlos, *Le Livre des douze*, Paris, Gallimard, 1965.

FRAYDE, Martha, *Écoute, Fidel*, Paris, Denoël, 1987.

GARCÍA MÁRQUEZ, Gabriel, *L'Automne du patriarche*, Paris, Grasset et Fasquelle, 1977.

GUARDIA, Ileana de la, *Le Nom de mon père*, Paris, Denoël, 2001.

GUILBERT, Yves, *Castro l'infidèle*, Paris, Éd. de La Table ronde, 1961.

JULIEN, Claude, *La Révolution cubaine*, Paris, Julliard, 1961.

KALFON, Pierre, *Che Ernesto Guevara, une légende du siècle*, Paris, Ed. du Seuil, 1997.

KAROL, K.S., *Les Guérilleros au pouvoir. L'itinéraire politique de la révolution cubaine*, Paris, Robert Laffont, 1970.

LANGUEPIN, Olivier, *Cuba. La faillite d'une utopie*, Paris, Gallimard, 1999.

MANET, Eduardo, *Mes années Cuba*, Paris, Grasset, 2004.

MASETTI, Jorge, *La Loi des corsaires. Itinéraire d'un enfant de la révolution cubaine*, Paris, Stock, 1993.

MATOS, Huber, *Cómo llegó la noche*, Barcelone, Tusquets, 2002.

MATTHEWS, Herbert L., *Fidel Castro. A political biography*, New York, The Allen Lane Penguin Press, 1969.

MERLE, Robert, *Moncada, premier combat de Fidel Castro (26 juillet 1953)*, Paris, Robert Laffont, 1965.

PADILLA, Heberto, *Hors-Jeu*, Paris, Éd. du Seuil, 1969.

– *La Mauvaise Mémoire*, Paris, Lieu commun, 1991.

RAFFY, Serge, *Castro l'infidèle*, Paris, Fayard, 2003.

ROA BASTOS, Augusto, *Moi le Suprême*, Paris, Belfond, 1977.

SARDUY, Severo, *Écrit en dansant*, Paris, Éd du Seuil, 1967.

SAUVAGE, Léo, *Autopsie du castrisme*, Paris, Flammarion, 1962.

SKIERKA, Volker, *Fidel Castro « El Comandante »*, Paris, Alvik, 2004.

Société internationale pour les droits de l'homme, *Cuba : fin de règne et répression*, Paris, SIDH, 2004.

SZULC, Tad, *Castro : trente ans de pouvoir absolu*, Paris, Payot, 1987.

THOMAS, Hugh, *Cuba : the pursuit of freedom*, New York, Harper Torchbooks, 1971 (3 volumes).

VERDÈS-LEROUX, Jeannine, *La Lune et le caudillo. Le rêve des intellectuels et le régime cubain (1959-1971)*, Paris, Gallimard, collection L'Arpenteur, 1989.

VIVÉS, Juan, *Les Maîtres de Cuba*, Paris, Robert Laffont, 1981.

Table

Introduction 9

1 Fidel Castro, et après? 13
2 L'art de transformer les défaites en victoires 23
3 Le triomphe d'un dieu barbu 41
4 Les « acquis » de l'« homme nouveau » 57
5 Le dictateur, les intellectuels et le poète emprisonné 75
6 L'« affaire Ochoa » 91
7 « Période spéciale en temps de paix » 105
8 Un cimetière marin : le détroit de la Floride 117
9 De la musique entendue comme arme de propagande 133
10 La résistance quotidienne à l'oppression 143

Conclusion 153

Sources 159

Pour une lecture supplémentaire... . 161

DANS LA MÊME COLLECTION
DIRIGÉE PAR JEAN-FRANÇOIS BOUTHORS

Afghanistan, rêve de paix
Bernard Dupaigne

Corée du Nord, État voyou
Pierre Rigoulot

Euthanasie, la dignité en question
Pascal Hintermeyer

La Pudeur, un lieu de liberté
Monique Selz

Du rêve de vengeance à la haine politique
Véronique Nahoum-Grappe

Iran, l'islamisme dans l'impasse
Ramine Kamrane

La Fraternité, un espoir en clair-obscur
Catherine Chalier

Une crise française
Frédéric Lazorthes

CET OUVRAGE
A ÉTÉ TRANSCODÉ
ET ACHEVÉ D'IMPRIMER
PAR L'IMPRIMERIE FIRMIN-DIDOT
AU MESNIL-SUR-L'ESTRÉE EN AOÛT 2004

Dépôt légal : août 2004
N° d'impression : 68268

Imprimé en France